像经营企业一样经营自己

人人都能学的职场规划术

刘捷 著

ZHEJIANG UNIVERSITY PRESS
浙江大学出版社

图书在版编目（CIP）数据

像经营企业一样经营自己：人人都能学的职场规划术 / 刘捷著. — 杭州：浙江大学出版社，2019.6
ISBN 978-7-308-19090-9

Ⅰ. ①像… Ⅱ. ①刘 Ⅲ. ①职业选择 Ⅳ. ① C913.2

中国版本图书馆 CIP 数据核字（2019）第 074198 号

像经营企业一样经营自己：人人都能学的职场规划术
刘捷 著

策　　划　杭州蓝狮子文化创意股份有限公司
责任编辑　杨　茜
责任校对　程曼漫　杨利军
封面设计　张志凯
出版发行　浙江大学出版社
　　　　　（杭州市天目山路 148 号 邮政编码 310007）
　　　　　（网址：http://www.zjupress.com）
排　　版　杭州中大图文设计有限公司
印　　刷　杭州钱江彩色印务有限公司
开　　本　880mm×1230mm 1/32
印　　张　7
字　　数　127 千
版 印 次　2019 年 6 月第 1 版 2019 年 6 月第 1 次印刷
书　　号　ISBN 978-7-308-19090-9
定　　价　42.00 元

像经营企业一样经营自己

人人都能学的职场规划术

刘捷 著

ZHEJIANG UNIVERSITY PRESS
浙江大学出版社

图书在版编目（CIP）数据

像经营企业一样经营自己：人人都能学的职场规划术 / 刘捷著 . — 杭州：浙江大学出版社，2019.6
ISBN 978-7-308-19090-9

Ⅰ . ①像 … Ⅱ . ①刘 Ⅲ . ①职业选择 Ⅳ . ① C913.2

中国版本图书馆 CIP 数据核字（2019）第 074198 号

像经营企业一样经营自己：人人都能学的职场规划术
刘捷 著

策　　划 杭州蓝狮子文化创意股份有限公司
责任编辑 杨 茜
责任校对 程曼漫 杨利军
封面设计 张志凯
出版发行 浙江大学出版社
（杭州市天目山路 148 号 邮政编码 310007）
（网址：http://www.zjupress.com）
排　　版 杭州中大图文设计有限公司
印　　刷 杭州钱江彩色印务有限公司
开　　本 880mm×1230mm 1/32
印　　张 7
字　　数 127 千
版 印 次 2019 年 6 月第 1 版 2019 年 6 月第 1 次印刷
书　　号 ISBN 978-7-308-19090-9
定　　价 42.00 元

浙江大学出版社市场运营中心联系方式：（0571）88925591；http://zjdxcbs.tmall.com

前　言

请把自己当成企业来经营

热门电视剧《权力的游戏》中斯塔克家族的族语“凛冬将至”，如今成了职场流行语。

说起“过冬”这个话题，大家或多或少都有体会。国内经济形势不像前些年那么火热，GDP 的增速在下降，国际上也是普遍经济萎靡，美国还发起了贸易战。

市场低迷、成本高企、金融支持不够，企业家们连连叫苦，不断呼吁减税，要银行加强对中小企业的服务，要行政部门在政策上更多地松绑。作为职场中人，你或多或少也从工作压力的不断加大、收入的不断减少及身边岗位的压缩和工作伙伴的离职中感受到了寒意。

大多数职场人对“凛冬将至”都抱以听天由命的态度，觉得无论是国家政策、经济走势还是领导的决定，自己都无能为力，除了祈祷，又能做什么呢？所以当冷空气呼地一下来到面前，有的人认命，有的人抱怨，有的人哭闹，但是这些大概率并不会有实际的作用。

也有一些人嗅觉灵敏，四处寻找一些看起来可以过冬的房子和岩洞。他们会去跟从那些看起来比较厉害的前辈，听从那些很多人都认同的意见和做法，从众心理最大的作用就是得到安全感。结果，有时候看起来光鲜的房子倒得比草屋还快，即便是匆忙找到了一个还算过得去的地方，也不一定是真正好的选择，因为它有可能影响了你未来长期的发展，当春天再次来临的时候，你发现自己反而落在人后。

我认识一位在外贸企业担任销售的小伙子小赵，人很聪明，只用了三四年的时间就熟悉了业务，并建立了相当好的客户关系。2018 年美国刚一开打贸易战，他就敏锐地算出了自己企业的产品成本将大幅度上升，汇率的波动也会造成很大负面影响，因此当他一看到客户态度变得摇摆不定时，便预感到自己作为销售的业绩压力的上升及收入的大幅下降。于是他跳槽去了一家与之前行业相关的市场策划公司，从销售岗转为市场岗，最大的变化是固定收入开始占较大比例，虽然整体薪酬比贸易战前的销售岗下降了一些，但是好歹稳定啊。

结果一两个月后，客户经过对不同产地的调研，发现中国技术产业中工人的水平比印尼、非洲和加勒比地区国家的工人要高出太多，而他们高端产品的定位不能接受品质的降低，加上原本的利润空间还很大,所以宁愿共同承担税负的损失。于是双方继续履行合同，新订单也落了地。小赵肠子都悔青了，既丢掉了一大块提成，又增加了转岗和适应新工作的负担。最惨痛的损失是：之前三四年的职业积累，包括客户关系都清零了！他整个职场生涯需要重新开始。

可见，预见了冬天，做出了合理应对，也不见得都能获得好的结果。

那么，职场人应该如何“过冬”呢?

这本指南，不同于其他指南类读物。美食指南，谁都能用上；旅行指南，大多数人都会用，多少能看得懂地图、排得了日程；而职场指南，并不是对所有人都能起作用。虽然都是职场人，但不是所有人都有职业的心态和素养——而这恰恰是任何职场技能、方法和选择能起作用的前提。如果你不能理解和接受，那么本书的所有方法都是无效的。否则你购买本书只起到一个作用：知道了为什么冬天会过得很差，甚至可以确认春、夏、秋的日子也不会有多舒服。原因不是运气、不是努力、不是碰到的各种客观阻碍，而是你没有经营好自己。

所以，在阅读全书之前，请先建立一个信条和行为标准：

把自己当成一家企业来经营！

企业是什么样子的？

企业就是一个投入人力、资金、技术和其他资源，通过制造出产品、提供好服务，从市场获取收入、赚到利润的组织。

为什么说职场人要把自己当成一家企业来经营？因为职场中的你，可以套用一模一样的句式来定义自己：你在职场投入时间、技能、经验和创意，通过完成工作成果、提供管理服务，从企业获取薪酬收入、得到回报。

企业要考虑投入产出的比例、利润率，职场人同样要考虑如何让自己用有限的时间和能力，创造出更大的价值，得到更多的回报。

企业要考虑产品和服务的更新、考虑占领市场，职场人同样要考虑如何更新自己的知识和技能、提高自己的经验值，去获得更高的职场地位、更广的职业空间。

企业要考虑自己的估值、能不能上市，职场人同样要考虑如何提高自己的估值，有没有获得股权激励的机会。

当企业在面对凛冬，甚至早在预感到冬天即将到来时，会采取一系列的措施去调整策略，去组织应对，职场人同样要考虑，如何判断职业发展的轨迹可能将遭遇冬天，无论是宏观因素、企业外部因素还是自己的原因。你要为这个冬天做哪些准备？

采取和企业面对经济问题时一样的思考方式，用这样的经济理念和规律来解读你的职场，来理解和应对在职场中碰到的所有问题。

这一切的前提是，你要有经营自己的意识，而不是单纯地作为工具被利用、被消耗。如果企业要考虑投入产出，职场人怎能不考虑这一点？职场人的投入更宝贵，因为你投入的是不可再生的“时间”，生命如此短暂，你有什么理由不把它用好，去争取最大的产出呢？你的产出可以是薪酬或股权，也可以是完成社会贡献或文化创造的成就感。即便只是为了小小的自我满足，也应该让愉悦来得更多一些、更美好一些。

作为企业家来说，现在也已经不再是若干年前将员工作为工具使用的年代了。当今社会，信息高度发达，社会变化飞快，工具型的员工固然可靠好用，但是已不具备去自主适应形势、主动应对问题及创造创新的能力，这样对企业来说，整体上就会缺乏竞争力和成长性。而那些懂得经营自己的员工，某种程度上成了企业的“供应商”，虽然同时也增加了一些不稳定因素及管理的难度，但是却真正让企业在很多细分领域更加强大，让企业在整体上得到了提升。员工主观上经营和提升自己的过程，客观上也为企业创造了更多价值，增强了企业的竞争力。

很多企业都在推行学习型组织、阿米巴模型及合伙人制度，把企业的经营切分给一个个合伙人和合伙组织，由一个个阿米巴组织去核算管理，推动所有背负经营责任的个体去承担经营的责任，并使企业经营有所改善和提升，从而分享经营成果。这个理念已经在大多数企业家心目中形成，未来那些工具型的员工都将不再是企业家的工具，而是合伙人和小团队领导者的工具，随时可能在精细的核算中被切割出去；而所有经营自己的员工，将成为小组织的领导、中高层乃至合伙人，将经营自己与经营组织、经营企业融为一体。

所以，职场人需要经营自己，你的老板也希望你经营好自己。如果你仍然是被拨一下才动一动，那么当老板放弃你的时候，根本原因是你早已经放弃了自己！

自弃，进而人弃，谈何过冬?

你在职场的每一天，都是冬天。

这本职场过冬指南将带你——**看清自己，认识冬天；理性经营，从容应对。**

目 录

| 第一章 |

先有一份职业规划

我要讲的第一件事就是职业规划。

做好职业规划的人，无论外面是什么天气，都有属于自己的行动计划，并会按照计划一步一步地走着一条不断向上的职业道路。当他们遇到冬天来临的时候，高段位的人多少都已经做了一些预案和准备，中等段位的至少也有很明确的行动标准，清楚首先要解决的问题和不会接受的选项。

而没有职业规划的人，一直都是听从着父母的意见或者随大流，过一天算一天，走到哪里算哪里。碰到外部环境变化，既没有应对的准备，也不知道未来的方向。迷惘，进而失措。他们碰到冬天，能不能过？怎么过？一切就靠运气了。

所以本章要说的事，就是怎么做职业规划。

准备一份自我认知单

职业规划是你自己的，每个人都不一样。做职业规划的第一步，就是认识你自己。

你了解自己吗？你所认为的自己，是不是真实的？有的人盲目自恋，有的人过于低估自己，也有的人从来没发现自己最闪光、最有竞争力的部分。

我以前工作过的企业有两名女员工，颜值都不高。钱小姐自我感觉极其良好，行为举止都透露着明星范儿，还经常颐指气使地让男同事帮她做这做那，也不知道她哪里来的自信。她不知道别人都是以同情和不忍的心理在勉强帮她，还认为这是女神应得的待遇。另一位孙小姐性格开朗，乐于助人，既不自卑也不张扬，喜欢浏览各种城市美食资讯并会带同事一起去“拔草”，当她得到帮助的时候，同事能感受到的就是她的真诚感谢。在之后若干次的岗位调整和调动中，前者还在原地踏步，后者已经不知不觉地成了项目主管。

我还有一位前下属小李，性格内向，一直自认为自己不聪明、没能力，默默地把分内事做好就行。但其实他有一个非常大的优点，就是在做任何自己的事的时候，都会把各方面的信息吃透、搞懂，他的细致和踏实程度在公司内几乎无人可比。时间长了，他无形中已经成了一个业务知识涉猎广博，并且深入理解各部门工作关联程度的最佳参谋人选。当我任命他为战略规划部的经理助理时，他在惊讶之余第一次重新认识了自己。

还有很多时候，你自以为了解的自己并不是真正的你，那些内心深处的问题你可能从来没有去触碰。你按照惯性生活，以为自己就应该是那个样子，而内心深处的向往和渴望一直被掩埋着。

我以前有位财务部员工小周，是乖乖女，她去读财会专业、从事财务工作都是父母的建议和安排，而她也从未觉得不妥。如果不出意外，应该会慢慢地沿着会计、总账会计、财务部副经理、财务部经理这样的轨迹一直走下去。直到有一天在一个项目会上，她在汇报财务数据的时候无意中流露出了对幼儿教育行业的深度认知和思考，对幼教项目的核心竞争力和推进节点有着极有价值的见解，而这一切源自于她对幼儿、对幼教发自内心的喜爱。那天，我觉得她没有去读师范院校、去从事幼教事业是一件多么可惜的事情！而认识自己、调整职业规划，任何时候都为时不晚。经过交流，她欣然接受了幼教项目财务管控的任务，随后逐渐从财务入手进而了解了招生、管理等方面的专业技能，没几年的工夫便成了幼教领域的项目负责人及管理专家，最终被基金高薪聘请。

所有正确的职业规划，都是从正确认识自己开始的。

如何正确认识自己？请给自己准备一份“自我认知单”。

这份卷子的前半部分，是选择题，通过科学的测试去了解自己的性格和内在的优缺点；后半部分，是问答题，旨在追问自己内心最真实的向往。

前半部分我建议选用测试的方式。类似这样的测试很多，例如在某些培训课或者面试时，你可能会被要求进行MBTI、PDP、DISC和九型人格等测试。如果遇到，千万不要放弃这个自我了解的机会。选用不同的测试可以发现那些自己没注意到的性格特点。

DISC个性测试将人分为4种不同的性格特质，九型人格测试则将人分成9种气质，MBTI测试会将人分成16种，如果加上星座、血型等指标，你可以用无数的标准对自己进行定位，然后把这个定位和你平时的“自以为”相比较，得出一个“自知”。

测试过以后，去和你的亲人、密友、信赖的更高层级的老师或前辈交流一下，看看在哪些地方你的自我认知和外界的解读是有偏差的。***而“自知”和“他知”之间的偏差，很可能就是你职业生涯的“雷”！***很多人踩到了“雷”并不知道，还一味怪罪他人；或者以为自己不够努力，结果越努力越偏。职场上不是只有你一个人，职场是由很多人组成的一个“江湖”，绝大多数情况是众人决定着个体的结果，只有少数内心足够强大的人能用自己的“自知”去影响众人。

后半部分是问答题。没有标准的结果，也没有参考答案，你需要倾听自己内心的声音，给出回答。我会问你一些问题：

1. 和职业无关，你最理想的生活状态是什么样子的？
2. 和收入无关，你最想从事什么职业？只要生活不受影响，即便不给钱也会干得兴高采烈、热情澎湃。
3. 你最理想的生活状态和哪种职业最可能吻合？将收入、时间、工作相关性等所有因素考虑在内。
4. 问题 2 和问题 3 的答案如果不一样，你会怎么选择？
5. 如果不能达到最理想的状态，你能接受的比较满意的状态是怎样的？
6. 在问题 5 的状态下，你的生活和工作之间的比例是怎样的？本质上你是一个通过工作实现自我价值，进而满足生活需要的人，还是一个将生活需要排第一，“job just job”（工作只是工作）的人？
7. 为了达到问题 1 的状态，你可以接受最大程度的牺牲是什么？例如尊严和道德层面的底线。如果是问题 5 的状态，你的底线和牺牲标准会有什么变化？
8. 在现实工作中，你所做过最违背自己个性、自尊和道德标准的事情分别是怎样的？
9. 在现实工作中，什么时候你最有幸福感？幸福感来自于成就感、被他人需要、困苦后的结果、满意的回报，还是其他原因？

10. 人生中你所经历的最大的失败或挫折是什么（包括求学时期）？原因除了客观因素以外，你有没有想过自身的问题？
11. 基于问题10的答案，你有做出改变吗？
12. 你在现实工作中遇到的发展阻碍中，来自外部的因素与来自自身的因素，分别占多大比例？
13. 如果改善了那些自身因素，那么来自外部的因素会改变多少？完全不会、可能有一些、会改变很大，属于哪一种？
14. 你在改善中吗？如果没有在改善，是因为没找到方法、没恒心坚持，还是没有足够的动力（例如，外部因素占比太高，即便改善了自己也改变不了什么）？
15. 最后凭感觉问自己：你正走在你想要的职业路径上吗？快慢层级不重要，路径方向是你想要的吗？选项是不知道、不确定、知道不是但是不知道怎么调整、知道是但仍不够满意。

上面15个问题，答案都来自你的内心。我这里没有答案，也没有标准给你参考。或许你从来没有机会，抑或是不知道这样问问自己。现在你问过了，也倾听过自己的内心了，我想你应该已经明白了应怎样面对你的职场，而你的职业规划也应该已经有了一个轮廓。

职业规划9要素

现在你基本了解了你的职场人格及你内心的职场诉求，接下来我们需要让自己的职业规划更具体、更清晰。之前我说过，“像经营一家企业一样经营你自己”，那么我们就按照企业做战略规划的模式来做自己的职业规划。

企业的战略规划，一般是针对未来5年的发展；个人职业规划，我同样建议以5年为一个阶段。原因有三个。

其一，外部环境会发生人力不可抗的改变，而大改变的周期从5年到20年不等。

其二，如果将一个人通过5年时间积累的自我改变进行量化，结果也应当相当可观了。阅历、地位、工作内容的变化很可能会改变人的眼界和思维。5年后如果重新进行自我测试，变化可能会很大。我的商学院的不少同学在工作三四年前后PDP性格测试的结果都发生了重大改变：独断独行的大老虎变成了爱秀的孔雀，和谐耐心的无尾熊变成了纠结于细节的猫头鹰。而职业规划的基础是对自我的认识，当自我发生改变时，规划当然也需要调整。

其三，不是所有人都能一劳永逸，一下子就制订出完美的职业规划。原本的规划有可能是偏离实际的，或者是不利于执行的。根据具体计划分解和执行规划，到了5年时间一定要做一次检视，然后加以调整。

那么具体我们该怎么把这个战略规划做出来？方法不止一种，我采用的是“9要素法”。这是企业制订战略规划的一种方法，经过移植，我把它变成了个人职业规划的方法。

1. 环境

环境要素中最基本的一环并不是国家和行业，而是企业性质。国企、民企、外企和事业单位在能力要求和发展路径上相差很大。就基层岗位而言，不同类型企业出入并不大。但到了中层以上，差异就比较大了，具体体现在以下方面。国企虽然也讲个人能力贡献，但更注重集体意识，职员要分清个人发展与集体表现、组织力量、领导及国企所特有的环境、本企业和其他关联国企的关系，过于关注个人发展与回报显然不适合。民企则注重实际效能，相对看重个人能力，甚至可能为了充分利用个人能力而赋予职员过多的职责和压力。但是民企抗风险能力相对不强，无论是企业本身的发展还是个人地位都可能波动较大，既有可能快速名利双收，也有可能频繁流动、不能适应。

外企抗风险能力相对会强一些，但是会受国际形势的影响。另外，外企本身作为母公司在全球派出的机构之一，其最高负责人基本上也是职业经理人，江湖感、私利感或许更重，基本靠相对完善的机制和流程进行制约。因此在指令传达上，外企相对动作迟缓、不易出成绩。至于事业单位，未必以利益为最高目标，但是围绕资源、学术、个人成就等方面，往往会出现利益以外的竞争，同样需要比较独特的适应性。

因此在基层员工岗位，或许我们还经常看到不同企业性质之间有人员流动，但是到了中层以上就非常少。因为企业性质往往最容易和本人发展目标、基础个性发生冲突，所以考虑环境要素的第一环就是企业性质。当然，以上只是整体特性，就个体企业而言，完全有不同的文化，你在进入中层之前务必要对照“自知”和“他知”，明确适合自己的企业性质，之后要改变相对来说会更不容易。

接下来，环境要素中要考虑的是企业环境。我认为5年战略规划应该以当前就业的企业作为基础环境来判断，最多只能预设一次变动，且需要对下一个就业企业有相对清晰的描述。我并不赞成频繁地，尤其是盲目地跳槽，因为没有一个战略规划是单纯通过跳槽来实现的。个人的提升要在一个相对稳定的环境里才能真正实现，跳槽所带来的职位和薪资的变化是你提升以后（而不是提升过程中）带来的结果，这点务必要搞清楚。

判断企业环境好坏有这样一些思考项：企业在行业中的地位，企业自身的核心竞争优势，企业的老板或者领导者的眼界、能力和管理方式；本岗位所处的小环境、本岗位与密切关联的其他部门之间的关系、本人的直接领导是怎样的人。

有位请我做职业咨询的吴先生，在一家以互联网为主要载体的服务型企业担任IT部门的小组主管。企业在行业处于领军地位，技术优势明显，企业的领导者也是行业内知名的大咖。但是很长一段时间，客户服务部门和销售部门都完全凌驾于IT部门之上，经常提出一些不合技术逻辑甚至是不可能实现的创造性的要求，而企业领导者不是完全的技术出身，在企业高速成长期总是更多地站在客服和销售那边说话，导致IT部门不仅加班严重，还经常半途接到更改需求和推倒返工的指令。一年左右，整个部门士气低落，他也提出了离职，加入了一家新公司。

但是很快他就后悔了，因为新的公司完全缺乏知名度和市场地位，而他所在的IT部门虽然在话语权上强势了一些，却几乎没有动力，因为其他部门都在提一些陈旧的或者很简单的需求，作为IT人员明显感到公司缺乏成长性。这时他反思上一份工作，他的部门经理难道不是比他承担着更多的压力、付出更多的心力吗，为什么他没有离开？他想起那位部门经理，也是他的直接领导曾经跟他说过：压力和困扰总是暂时的，哪怕长达一年，而公司这个平台的优势和发展的未来是长远的，问题总可以解决。当时的他以为这是领导在忽悠自己安心工作的托词，回想起来才发现真是有道理。

他问我，现在老领导邀请他回去，他有点动心，但是面子上又放不下，还担心这段经历会在企业领导者的心目中留下不良印象从而影响后续发展，要不要回去？我当即给出答复："回去！"当初已经因为一时的压力和不爽而放弃了那么多环境优势，现在难道要因为更不值得一提的面子问题而再次放弃吗？而且现在他还新认识到一个好的环境因素：他的直接领导是一位多么有远见、有担当并且有情义的人啊！另外，不要小看了企业领导者的气度和眼界，以一位行业领军人物的格局怎么会因为这样一个迷途知返的小故事暗暗憋着给你"穿小鞋"，如果他有任何不满，直接不邀请你回去就行了。听到这里，他也放心且不好意思地笑了。

在明确企业性质方向和对企业环境做评估后，如果有能力，还可以对行业、对国家整体经济形势做一些预判。这对于企业中层而言或许有些难度，但对于高层管理者而言就非常重要。如果个人没有判断能力，可以多看一些专家和学者的文章。要看那些有大量数据和现实案例的文章，而不是空洞的、纯凭感觉和空喊口号的。选择自己可以理解和思考的，不要看那些似是而非、全部是专业名词和教条的，这样多少能有一些认识。

本职业所处的环境也是必须考虑的因素。例如，就当下而言，对市场营销人员的要求越来越趋向年轻化、网络化和跨界化，年龄要求可能会倒逼你做出改变；大量低层的财务、法务、档案、数据等岗位人员被互联网化的技术所取代已是必然趋势，迅速提升自己的知识结构和网络应用能力就是环境的要求。

2. 期望和目标

期望和目标是你给5年后的自己的一个清晰明确的描述，对于职位层级、工作内容的核心价值、自身需要达到的内在能力水平、外部的经济社会地位，都需要给出明确的界定。

在期望和目标方面，唯一不需要明确的就是薪酬。大多数的企业给自己定目标的时候都是达到多少销售额、实现多少利润，而有的企业给自己的目标是：拓展多少市场份额、达成多少用户满意度、提升多少成本费用管控水平、提高多少资金使用效率……如果这些目标能够达成，营业收入和利润又怎么会是需要担心的事情呢？东方希望集团的刘永行在我刚进公司的第一天就对我说过他的企业理念——做正确的事，坚持做，越做越熟，越做越好，而利润是随之而来的事情。

期望和目标有两种设定方式：一是从自己现在的定位出发，往5年后推演下去；二是找到一个比自己年长5岁左右的参照对象，以他 / 她为模板酌情增减目标。两种方法都可以采用，但是无论哪一种都需要提高标准。如果是第一种方法，那么你推演的提高速度就需要快一点；如果是第二种方法，那么你找的参照对象级别要高一点，或者年龄再大一点。总之你要把期望和目标定在“跳一跳才能够到的位置”。

2015 年我在中欧国际工商学院读 EMBA（高级管理人员工商管理硕士），在中欧国际工商学院有一门课程叫行动领导力，几十名学员随机编队，在茫茫戈壁滩上进行为期 3 天、总长度长达 88 公里的徒步比赛。赛程中还有各种人为设置的难题，例如向导消失、增加负重等。在赛前的仪式上，每个队都要提出一个本队的目标口号，有的队伍全是好胜心强烈的学员，吼着“冠军一定是我们”，有的队伍嘻嘻哈哈地也喊着“我们要夺冠，大家靠边站”，当然，也有队伍觉得比赛更多的是体验，所以口号是“友情最珍贵”之类的。我所在的队里谦和、理性的人居多，衡量了一下实力对比，保守地提出了“保六争三”的口号。我们的助教叹了口气，高深莫测地一笑。

3 天的飞沙炎日，拼搏到大小腿一起抽筋、脚底水泡连着水泡，所有人都如同从地狱归来一般，这一程的感悟刻骨铭心。我们队第一天曾经位列前三，甚至还有些优势能让我们继续往前冲，但是最后我们只排到了第五。我对这个结果还算满意，后面两天发生的一些变故在我看来更多的是客观原因。但是我的很多队友并不满意，他们认为我们本有机会夺冠。这时，连续带过几届领导力课程的助教说了一句话："几年来，我从没见过一支目标不提夺冠而最后得到冠军的队伍。你们在一开始，就和冠军无缘了。"那一刻，我浑身一个激灵，彻悟的感觉让我泪如雨下。

对自己的期望和目标太低，就是纵容和自弃。

3. 资源和能力

1~3 点属于"战略定位"。所谓定位，需要自知。自己所具备的资源和能力包括哪些？请拿出纸笔，尝试分 4 个模块，列一张单子。

• 个人资源

（1）父母背景。基本上你不会是各种"二代"，如果多少有些细分领域的信息优势、人际关系优势，请不吝求助，完全不必过于清高。有些人喜欢强调"我一切都是靠自己"，其实这真不好说。你所引以为傲的学识基础难道和父母提供的教育环境无关？思维基础难道与家庭氛围的潜移默化无关？既然大多数人的学习成长都离不开父母，那么在职场上的起步和发展继续借助父母的帮助又有何不可？政治家的子女从政，艺术家的子女从事艺术品经纪或者影视广告，有什么不合理的呢？我只反对两件事：第一是滥用资源，不道德地甚至违法违规地用；第二是用了还不承认。

（2）自己的经济基础。如果存下了一笔钱或者理财有方，你就可能去接受创业型企业的挑战训练或者尽早投入价格不菲的学习和培训中。如果资源不足，你就需要寻找到既有合理经济报酬、又能在工作中得到学习机会的路径。

（3）时间。把自己当成企业来经营，你对这家企业最大的投入就是时间。你有没有足够的时间？家庭负累、恋爱所需、子女教育，这些都是每个人在不同人生阶段会碰到的需要花费时间的事情。那么你要整理一下你能用于工作的时间投入到底是有多少，这也是你制订规划、确定目标的决定性因素之一。

我最早的职业引路人是我在国企上市公司时的财务经理。他发现我是个有潜质、有能力且值得培养的年轻人，他对我说："给你提个建议，对不对你听一下做个参考。如果你现在有对象，趁早结婚生孩子，父母年轻还能帮你带一下；如果你不着急，那么干脆等到三十四五岁以后再考虑结婚，不要让那些生活琐事影响了你的发展。年轻人最能做事业的就是 25 岁到 35 岁这 10 年，发展不好就浪费了。"

我对这段话印象非常深。有些事你必须做，脑子里就要有这个概念，这段时间你的整个人的重心落在哪里，哪一个阶段去进修深造，念个MBA，哪一个阶段结婚生子，互相之间应该是正面的影响而不是负面的。我在考察下属的时候也很注意看他职业发展和生活轨迹的匹配，那些时间关系处理得好的人的确在两方面都能收获良多。

• 人脉关系

人脉关系包括了你的师长、各年龄段的尤其是高中以后的同学、从过去到现在的所有同事尤其是领导、因为业务关系而延伸出私人友谊的朋友、在各种场合结识后相互投缘且可能带来合作的朋友。你可能会觉得我说的这个话题有点功利，但事实上一个缺少人脉关系的人很难走远。人脉关系不是功利，只是你需要分清与不同人交往的点。有些人永远不宜谈现实和功利的事，而对能谈现实问题的人要一直心存感恩——无论是相互间有利益交换的那些人，还是“我帮你不求回报，你帮我必有回报”的那些。

人脉关系需要用心建设。用利益建设起来的不是人脉，只是渠道。

有位商场上的前辈，因为我对他一篇闲散文字的赞赏而对我颇有好感，并主动为我引荐了不少有一定商界地位的朋友。我和其中有一些朋友逐渐地亲近起来，进而出现了一些合作关系。而我和这位前辈之间却极少见面，仍然是相互看看文字，是标准的“点赞之交”。我点评时毫无目的，他对我的好感也纯粹是因为从文字中看到的性情。我知道我可以请求他帮忙做一些事情，他也知道他有事需要我时，我也一定会去做，但是我们谁也不会开这个口。这就是我眼中的人脉。

这位前辈说过一句话：“人与人之间的脉，就是互为因缘，互相成就。”

• 个人能力

你的专业能力、和职业紧密相关的能力及与职业有一定关联度的跨界能力分别处于什么水平？

我要强调一点：能力既不是一堆证书，也不单指懂得多少知识，或者是会用一种软件、会做一件事；能力是综合运用自己所有的知识、逻辑和判断力去把一件事情做好。所以，要衡量自己的能力处于什么水平，要看自己能把事情完善到什么程度，你的同事和领导对你的执行有什么评价，而不是你自认为做得怎样。

另外，与你的职场人设相关的那些能力处于什么水平？音乐和美术鉴赏能力、语言文字表达能力、演讲能力、体育运动能力……这些看似与大部分职业无关，但实际上都和职场人设相关。因为每一个人的职场都不是封闭的办公室和会议室，你会在咖啡厅、街上、餐厅及其他各种场合和那些对你来说非常重要的领导或者业务合作者见面，你的非职场能力决定了你的人设。并非要百事通才行，但是你至少得有一项拿得出手。

• 团队能力

什么是团队？有管理和权责关系的组织都叫团队。即便只有两个人，一个管理另一个，并对他的工作内容和成绩负责，那也是团队。

我想请每一位团队的管理者记住一件事：无论你是小组长、主管还是部门经理、CEO，你的绝大多数成绩都是靠团队实现的，所以任何时候都要对你所在团队的能力有清晰的评估。很大程度上，团队的能力高低就是对你个人能力高低的反映。换言之，你运用了团队的能力来实现了个人的职业规划，所以你同样需要对团队成员有所付出——指点他们提升，传授技能技巧和经验，给予他们成长的机会，给予他们应得的回报。只运用团队能力而不付出的管理者，都是流氓。

4. 愿景

4~6 点这 3 个点，是你对战略路径的选择。而愿景其实就是最本质的初心。

所有企业都追求利润和发展，但即便是同行业的企业，也有着不一样的愿景。中国移动通信的愿景是“成为卓越品质的创造者”，企业使命是“创无限通信世界，做信息社会栋梁”，体现出其行业领军企业的定位，带有强烈的官方色彩和深切的责任感；而华为的愿景从“丰富人们的沟通和生活”变成了“构建万物互联的智能世界”，前者显得亲民，后者则体现出科技感和掌控未来的气魄。

个人也有不同的愿景，不同的愿景决定了不同的战略规划调性。

个人愿景是你一生最热切渴望的一种追求。它可能是物质上的需求、情感上的欲望；也可能是出于对健康、自由的追求，以及好奇心的满足；还可以是对社会、人类知识和艺术的贡献。为此你不惜心力，并自然而然地迸发出强大的力量。愿景是一种植物，有时它枝叶茂盛，影响你的日常言行；有时还只是种子，深埋内心，但具有破土而出、推翻既有事物的力量。

我在意大利时去过一家餐厅，餐厅的名字翻译过来叫“祖母的食谱”，那里有着能让味蕾跳舞的意大利面。我们和老板聊天时得知，他原来是法拉利公司的财务副总裁，有一天他整理老宅时看到祖母留给他的那本做意大利面的食谱，怀念起小时候祖母做出来的面的味道时才醒悟过来：其实自己从那个时候开始就已经有了将这种美味传递给所有人的愿望。于是便辞职开店。这就是愿景的力量。

但不是所有人都有幸在成为大企业副总裁的时候突然想重拾梦想，然后毅然辞职。大部分人还未能积累到这个资本。如果你在努力向你的战略规划前进，中途突然发现那个目标不是你想要的，还搭进去了很多时间，这才是最令人懊悔不已的。所以，你需要诚实地问问自己，自己对人生究竟有怎样的愿景，尽量在规划时规避上述那种境地发生的可能性。

5. 执行（计划和坚持）

所谓执行，就是把战略计划分解、分解再分解，分解到每一周、每一天的行动上去。越近的行动，越要清晰、准确；稍远一点的，可以留下模糊地带，根据当时外界和自身的状况再做调整。你离 5 年后的那个自己的差距是很大的，但有些差距以你目前的认知还看不出来，那么你就从看得到的差距开始补起。

我很久以前的助理小郑，当时她给自己的职业规划是用 5 年的时间进入国际投行，而那时的她刚硕士毕业。国际投行，一般会选用海归，因为语言很重要。她对照了自己和招聘标准的差别，认为自己唯一的差距就在于语言驾驭能力，于是她不仅会主动参加外国人的戏剧活动沙龙，还坚持每天阅读原版华尔街报纸，并且读了还不算，还会抄写金句、尝试写作。我不知道她还做了什么其他准备，但是这件事她坚持了一年半。当我碰到的所有的外籍访客和会计师、律师都对她大加赞赏时，我知道她一定会成功的。如果还有其他我不知道的职业要求，她也一定会满足的。一年半后，她已经进入了香港摩根士丹利。

执行的要素是清晰、可量化的。如果你告诉自己每天都要锻炼。结果，大概率上是该肥还是肥，走几步路就算锻炼了；但如果你要求自己每天花半小时快走 3 公里，那么你就很可能会坚持下来。因为你每天都会告诉自己你做到了没有，如果没有做到会有愧疚感，要是不定量、目标不清晰的话，你会很容易给自己找个理由或者编个托词。

另外，那些相对模糊的目标、不是很清晰的计划，如果你确信其中有必须修炼和提升的事项，那么也请马上开始。

我第一个职业规划的目标是成为部门经理。如果要倒推的话，什么时候成为副经理、经理助理、科长……这些目标都是很模糊的，但是第一年我至少要成为主任科员，这是必须项。

为此在我的分解计划里，第一年的基础工作的完成量和完成质量都要上下对标。对下，就是每天都要比普通同事做得多一点点、好一点点，我不喜欢加班和消耗身体，我认为用聪明才智和适当的努力比其他人每天优秀一点点，时间就会给你极大的惊喜。对上，我开始思考，是什么样的标准体现出了两个层级的差异，是工作的难度、能力的上限，还是在体系内的适应程度？我要求自己用三四个月的时间做到像主任科员一样在工作，让所有人看到一个“虽无名却有实的主任科员”，并且持续半年以上。

在第一年以及以后每年的日常工作里，还有一块需要长期修炼的内容，就是缩小我和部门经理的能力差距，这件事不是一年就可以赶上的。每次开会时，我都会要求自己去琢磨他为什么要那样说、为什么要考虑到这些方面；每次他向我布置工作前，我都会让自己去猜一猜他会怎么说、会有什么要求；我也会留意他每次处理部门内的工作时，在人力上、时间上分别怎样安排、为什么这么安排……我不知道这样琢磨一年我是否能赶上他，我也不知道以自己的资质需要坚持多久，但我知道我要从第一天就开始这样要求自己，不然我永远没有超越他的那一天。

我成为部门中层干部的时间是本科毕业三年半后。

另外，制订不同的执行计划也是一种选择，但是千万不要为选择执行计划花费过多时间。只要计划解决的是战略规划中必须补缺的事情，那么关键是开始，然后是坚持，至于计划的效率和方式可以在执行的过程中再进行调整。随着自己能力的不断提升，距离规划目标越来越近，你的计划内容也会不断提升，效率也会不断提高。所以不用担心未来，你需要做的只是马上开始。

6. 发展方向

就个人的职业规划发展方向而言，大体上分为纵向、横向、跨界3个方向。

所谓纵向，也就是向“专家型”的方向发展，比如从助理会计师到会计师到总会计师，从程序员到工程师、资深架构工程师。在自己的职业领域里不断做精、做深，能适应从小单位到大企业的职业要求变化。这个方向上终极的宗师境界，就是只要是这个领域的事儿，没有你不知道、摆不平的。你的脑子里装了所有的工具、规则和无数的案例，你可以胜任不同规模、不同类型、不同行业性质的所有企业。这有点像最近提倡的匠人精神，精益求精、追求极致，是纵向发展的要领。

所谓横向，也就是多面发展。横向发展不是以职业深度为导向，而是为了解决更多的事情。比如，从财务经理出发，会接触到业务流程、筹融资和资本运作，当完成了对本行业业务的熟悉及与银行、证券、基金相关的法律法规的学习以后，这个财务经理就具备了独当一面、成为企业副总经理甚至总经理的可能。很多结果导向型、综合管理类的职场人，会偏向于横向的发展。他们每碰到一件事都会饶有兴趣地去把合作方的有关信息了解一番。有时甚至没碰到事情，也会对各类管理学习充满热情，只要这方面的信息在企业中可能和本职的内容产生关联。这个方向上终极的宗师境界，就是像诸葛亮那样，天文地理、兵法人心，乃至城建农稼无所不知，一专而多能。

所谓跨界，就是向“创意型”发展。以一专为基础，却不往企业内部的其他横向领域走，而是跨界去一个看起来和企业毫不相关的地方。当今社会正需要大量这样的人才。例如，管理企业客户数据的 IT 人，如果和行为心理学、传播学及游戏产生了跨界关联，不仅是在开辟全新的营销领域，还可以和其他企业进行流量互换和变现。再例如，设计师喜欢宠物，可以一改现有宠物用品的陈旧样子，打开一个中高端市场；热爱美术的金融人，打造出了艺术品基金、艺术品租用等全新的业务模式。

假如你是 HR（Human Resources，人力资源）经理，你的职业规划是成为企业的 HR 总监，你的发展方向是不断提高自己的专业能力和行业地位，还是能介入企业业务的重整、费用的管控等全面管理，抑或是能创造性地引入阿米巴组织、众包平台等新管理模式？不同个性的你，应该有不同的选择。

7. 组织

最后 3 个部分是行动层。个人职业规划的定位清楚了，究竟是纵向、横向还是跨界的方向也选择明确了，甚至未来几个月、几周，可能明天的计划都已经制订出来了，剩下就是通过行动去让脑海中的规划变成现实中的事实。或许你会疑惑：有了计划就去做啊，还需要什么行动层？那我问你一个问题：如果你的计划是每天花半小时快走3公里，每天阅读原版《华尔街日报》，那你如何保证每天都有这些时间？和昨天相比，这个时间从哪里挤出来？

行动层的第一件事就是组织。企业面对新的战略规划需要调整组织结构，你面对职业规划需要调整的是时间和知识模块。

你回顾一下你的时间动线。以工作日来说，几点起床，几点出门，路上在做什么？工作过程中多少时间用于事务性内容、多少时间用在讨论和思考，又有多少时间用于外部交流？工作几点结束，午餐和晚餐分别是怎样安排，晚餐后的时间怎样度过？还有，你的周末和假日是怎样安排的？在这个时间线上，你的组织结构有没有优化的空间？

以我刚进大学的儿子为例。他在刚进大学时的日程，是在不得不起床的时候起床，在该上课的时候上课，然后除去作业与复习的时间，其他时间都交给游戏。在我的强烈要求下他会挤出一点时间进行体育锻炼，他比较喜欢打乒乓球。

最近，他加入了学校一个非常成功的社团——IOS，这个俱乐部曾经代表中国在苹果公司面向全球大学生的App创新比赛上获奖。他加入该社团是因为他在平面设计和音乐方面的专长，但是作为团队一员，他在编程、产品设计方面有太多短板。为了弥补，他每周要上两次课，再加上社团的其他活动，我看到他的日程明显发生了变化。为了留出晚上整段的时间上课，其他学习内容就要压缩到白天零散的时间段里完成，而他也感受到了身体健康和旺盛的精神对于比赛、创业的重要性，仅剩的休息时间也会优先交给体育锻炼。这个组织优化的过程让我对他的大学生活放心不少。

时间的优化，很多时候和知识模块的优化是连在一起的。

在互联网金融企业，很多产品经理都是IT工程师出身的。在内部项目讨论会时，我听到最多的话是“你们的需求要讲清楚、要精细、考虑要周到、包括所有可能性”。最后还会跟一句“我又不懂金融”。

我经常觉得，要么让金融产品设计者去学习一下程序员的逻辑思维结构和工作流程，要么让互联网产品经理去好好充充电，学习一下金融收益和风险的原理。后来我发现，有一位互联网产品经理小吴简直堪称是一个被IT耽误的金融人才。他一接触贷款和理财就着迷得不行，把所有事务性开发的事情有意识地交给了团队，而自己一头扎进了金融知识的学习和讨论，时间的分配完全改变了。最让我刮目相看的，是他在业余时间去读了专业培训机构的金融课程。我认为所有这些，一定源自他根植于内心的愿景，因此才有如此的行动力！他说他要成为互联网金融领域最全才的产品经理，离这个目标还有两年半，我相信他可以。

小吴的选择是跨界的结合，在新生的职业领域成为卓越人才。他不仅重新分配了自己的时间，更重要的是重新搭配了自己的知识模块。我给他提过一个建议：再跨界一点，去学习一些行为经济学的知识，在金融产品设计中加入行为引导的因素，再让这种引导通过互联网快速实现，也许可以打造出爆款的手机应用。知识模块的重新组织，本质上讲的就是创新。

8. 能力提升

重新分配时间和重建知识模块，还不能实现能力的提升；能力的提升需要将知识进行运用，并且将得出的经验和教训通过时间凝聚成新的思考方式、行为习惯甚至直觉，那才是能力。在你的职业规划中，每一步的职业提升都应以能力的提升为基石，否则“德不配位”也是件很危险的事情。

我的下属中曾经有一位市场总监王女士，脑子里装着很多零碎资讯，但是完全没有组合与运用的能力。凭着广博的信息储备、良好的口才以及一定的人际关系，很多人都相信她的能力，但是我不认同她做出来的东西，也不相信她能做出好的市场预案。

我很抱歉请她离职，但我仍然希望她能静下心来思考市场工作的本质，思考并形成关于传播与大众心理所必备的理念，踏实践行而不是浮光掠影地一闪而过，那些积累的信息、口才和关系才有可能在职场发挥出力量。

简而言之，能力提升只有一条途径，就是“践行”加“复盘”。

而可以践行的最大舞台只有一个：你现在的岗位。

企业和员工的关系也是一种相互成就的关系，员工为企业付出劳动的同时，也得到了在企业这个平台上提升自己的机会。不用去计较谁做得多，不用去诛心发问你究竟是为了自己还是为了企业，“主观为自己发展，客观使企业得利”，这难道不是很好的相容之道吗？

从这一点上说，企业为了你的能力提升是有所付出的。你的践行不一定正确或完善，在践行过程中可能需要其他员工的配合，占用他们的时间精力，这些都可能带来成本，这就是我所说的职场人的“成长成本”。但是这笔成本都是企业来负担的，因为你的践行不仅会带来你个人能力的提升，也会给企业带来效益。如果企业员工人人都有这种意愿，这家企业就是一个学习型组织的典范。

9. 自我管理变革

我们说到了时间组织的调整，说到了通过践行去提升能力的方式，最后不能忽略的一条就是自我管理的变革。

什么是自我管理的变革？

是心态，是思维方式和立场，是自我管理意识的转变。

说件最简单的事情，从员工到中层管理干部的进阶，很多事情都可以学到，包括各种工作管理工具、管理沟通技巧、领导力的建设等。但是你仍然会看到很多中层管理干部“披着龙袍却不像天子”，因为他们心里住着的还是一个普通员工。

他的晋升可能是因为业务能力不错，也可能是因为“矮子里拔将军”。他能很努力地去学习一切工作方法，但是没有改变自己的内心。他也许仍然希望少干活多拿钱，仍然会想着怎么从自己的管理范畴里多得一些好处，仍然会把自己的团队整体当成一个螺丝、一个工具去使用，仍然不懂得如何去理解企业的整体战略，仍然将自我管理寄望于下一次的机会，而不是有意识地提升自我。

在企业中层开会的时候，十几个同层级的管理干部，几次表现你就能看出谁真正具备管理者的意识，实现了自我管理的变革。

即便不是管理层面，在技术层面、专业层面、执行层面也都需要心态和思维的变革。牛顿、爱因斯坦这样的顶尖物理学家，在学术研究遭遇瓶颈的时候，都从哲学中找到了力量和方法，从而实现了思维和意识的突破。顿悟，有时会让一个人的自我管理焕然一新。

我一直认为以自己的才情能力，必须要有所成就，而成就是要通过项目的成功、企业的飞速发展来实现的。过去多年我一直在找这样的平台，希望以我的力量来帮助它成为神话，而它成为神话的过程也是我成就自己的过程。我给企业讲课、去研究各类管理问题，希望能通过咨询和讲课来加深与企业家的相互了解，从而找到共同发展的那个平台。

后来有个学生跟我说："刘老师，今天我突然明白了很多事，谢谢你。"他的眼神让我确信，他和昨天真正不同了，并且从今天开始就会有所改变。那一刻，我忽然找到了那种成就感，内心无比喜悦。

原来我想要的，并不一定是成就一番事业、成就一家企业，成就很多人也很荣耀。那算是一次顿悟。从此我不再只是把讲课和研究作为敲门砖和晋升台阶，而是专注于听者的问题是什么、症结在哪里，从我的研究和经验中看看有没有解决的办法，而他们的提升就是对我最好的回报。过去我有多年担任 CEO 的经历，虽然没有完成上市，但是有许多学生在成长，许多下属从普通员工和主管晋升到了部门经理甚至总监。其实我新的职业规划，其中的自我管理变革很早以前就已经在进行了。

总之，职业规划是你面对任何变故时做出判断和选择的基准线。

清晰的 5 年左右的职业规划，是职场人行动的依据和标准。有了规划，当职场发生任何变故时，你都有了做出判断和选择的基准线。而没有规划的人，目光和思考只停留在眼前，很容易被眼前的利益、困难甚至一时的情绪左右而做出冲动的决定，过了很久以后再回首当时，开始感到后悔，就像前面说到的那位在压力和不满之下匆忙辞职的 IT 主管。

我想说说我自己的三次职业规划，让大家更好地理解职业规划的重要性，其中有主动的调整，也有过冬时的应对。

1995 年，作为一枚学霸，我顺利从上海交通大学国际金融系毕业，进入非常热门的改革前沿国企，我对自己的判断是：有事业感和表现欲，很有自信地认为自己具备超越旁人的学习能力和思考广度；没有什么背景，愿意踏实细致地做事，所在企业也有着很强的改革优势和社会关注度。我对自己的职业规划是：去尽可能多地做事，并尽可能地做好，不局限于财务岗位，从与财务相关的各个方面去延展职业能力，从而在5年之内成为企业综合管理型的中层干部。我没有家庭背景和政治优势，中层干部已经是我当时能看到的相当不错的目标结果。

三年半后，我成了办公室主任助理、进入了中层序列；四年半后，我成了董事会秘书，在当时全国所有上市公司中，我是最年轻的董秘。等以后证监会要求董秘必须由上市公司副总经理以上级别领导担任的时候，我发现自己已经半只脚踏进了上市公司高管行列。

在随后的好几年里，我尽职尽责地做好董事会秘书兼行政部经理和证券部经理的本职工作，同时我发现了自己内心的变化。首先我得承认我有些小小的自我膨胀，认为以自己的能力，国企的发展路径有些制约自己想要的发展速度；其次我发现僵化的上市公司资本运作管控政策让很多设想无从实现，例如我写了最早版本的可转换债券计划，结果却不了了之。但在这个过程中，我发现了自己喜欢从事投资工作的特性。

因此我逐渐调整了自己的职业规划：发挥自己在既往工作中积累的财务管理和资本运作方面的优势，通过对具体项目的培育和管理，跟随新项目的快速发展和成长实现自我价值的快速实现，成就他人的同时也成就自己。这个规划没有时间限制，一家企业要成长到很高的高度，花费5年、10年甚至更久都是很正常的；而且我也认为这是一项可以终身从事的职业，成就了一家企业之后还可以成就另一家；甚至当自己能力更强的时候，同时成就几家企业也不是不可能。

一两年后，我遇到东方希望集团的董事长助理，得到协助处理投资和公关事务这样一份工作，启动了新的职业规划。随后的十几年时间里，我处理过复杂的大型投资案，也处理过非常质朴的矿业和工业项目；有过不成功的项目经历，也操作过现在已经有200多亿元估值的独角兽企业“喜马拉雅”的天使投资；管理过六七个人的投资团队，也做过千人规模的互联网金融企业CEO……我觉得自己已经基本实现了职业规划。

而在2011年发生的一件事，让我又开始了新的思考。那时，证监会暂停了所有拟上市公司的IPO（首次公开募股）申请，很多投资人都被套在了“堰塞湖”里，进退不得。虽然我在此之前已经幸运地停止了Pre-IPO（上市前）的投资，但是我在想：真正成功的、有价值的事情，是上市，还是企业的产品或服务被最广大的人群所认可？上市，究竟是手段还是目的？而我一直追求的成就自己，是不是一定要以跟随上市为目标？虽然后来上市进程恢复了，资本市场又活跃起来，陆续兴起过O2O、共享经济、互联网金融到金融科技、大数据、人工智能及智能硬件等许多投资潮流，但是我内心的那个疑问一直存在着。

直到2018年，经济下行、资本严冬，我连续任职的两家上市公司都遇到了或大或小的问题而搁置了预计的发展项目。我突然觉得，随着自己的职业能力达到了很高的水准，同时却也更难找到适合自己发挥的平台和机会，这似乎是以前没有碰到过的事情。其实这是所有高层管理者都会碰到的难题，资本冬天时，无论是换行业还是换企业，越是高层的职业经理人越难找到合适的职位。

2018 年 10 月的某一天，应我的中欧国际工商学院校友简昉之邀，我前去给她的复旦校友创新创业俱乐部做讲座。有趣的是，她找来专门做两性关系的心理咨询师麻辣情医吴迪，跟我搭了一个“拼盘”节目——《创业者的致命关系》。我讲资方和职业经理人的君臣相济，吴迪讲创业者的婚姻关系。听众的反应出乎意料地好。

吴迪说凭她的直觉，我会成为一名优秀的独立讲师，传播我的职场经济学，成就更多的人。她把我推荐给知名财经作家吴晓波和他的吴晓波频道、蓝狮子团队。在杭州跟他们的一席谈话，让我很快确定了下一阶段的职业规划：将自己多年来对投资企业的认知、对企业管理的思考和对职场人思维和行为模式的提炼，总结成书、制作成音频课、进行线下的讲演和咨询，用 3—5 年的时间成为最优秀的企业管理和个人职业发展的顾问和教练，因为我有着丰富的经验和案例，有着长期思考的积累，也有着被专业人士认可的写作能力和现场演讲能力。

于是，我花了10天时间逼自己完成了10万字的文稿，也就是你现在读的这本书。

这同样是通过成就他人而成就自己的路径。

这一次我的职业规划调整是被迫的吗？

是抓在篮子里就是菜吗？

是为了过冬而不得已的转型吗？

不，不是的。从我2011年产生那个疑问开始，其实我就已经在不自觉地调整着自己。我会花更多时间去思考：资本助力对于企业究竟有怎样的意义？企业的顶层沟通和内部管理优化又对企业本身起着怎样的作用？作为企业组成的每一个人都应该建立怎样的价值观和行为体系？

现在回想起来，这些年在不同企业和论坛所做的演讲、与商学院的各路企业家和高管的交流、精心构建的几十个PPT和十几万字的课件提纲，其实都已经是在为这一次的战略规划转型做准备。只是在做这些事的时候，我并不完全“自知”，也并未清楚地预测到冬天的来临。直到有一天，这一切的准备都发挥了作用。你看，所有的规划设想都不是凭空而来，都是跟随自己内心、跟随那些自觉不自觉去做的事而出现改变调整的可能。

职业规划对我而言，始终是建立在对自我认知的基础上的。我的人格气质、愉悦感和幸福感的终极来源都是“成就事、成就他人进而获得认可、成就自己”，因此每一次的转变都只是变换了方式，却没有变换本质。而转变的方向和计划的制订，都经过了对自身资源和素质、对外部客观环境的分析。我的评估始终都带有一点低估和保守的心态，其他人根据自己的个性来定，不需要完全学我。最后执行时要做到在相当长时间里一切行为不偏离规划，建立自身的学习和能力体系来保证这一点，并且绝不因为一时的利益而改变。

职业规划犹如一季剧集，每一集都不能脱离主线，下一季才可以有大的调整；职业规划又犹如一首歌曲，不可中断、不可突变，和谐连贯地不断推进，才能让副歌部分呈现出最强的震撼效果。如果一句美声一句民族唱法、一句慢歌一句说唱……你在 KTV 都唱不下去，这样的人生你怎么过得下去？

9 要素之于“凛冬”的意义

环境：找到其中可适应的和可改变的部分

企业性质的改变（例如从国企到民企或者从外企到事业单位）、行业的改变、职业内容的改变，这些都是大事情，会对你的知识、技能积累和工作、生活方式有很大的影响。不是不能改变，但是务必慎重。在此之前，务必确认自己是否有为这样的改变做过什么准备工作。如果只是一时兴起，或者认为到了不得已而为之的地步才为之，大概率是不会成功的。

你以为已经不得已，但在现实环境里，你有没有真正去看过还有没有适应和改变的机会？你可不可以尝试去适应一人多职的压力？

你是否有能力去调整你所在的小团队，去适应企业所做的战略变革？

我看过有的工作团队因为成员相互之间培养出了感情，而不愿意接受小组被打散重组或是部分人需要离职的决定，结果选择同进退，仓促接受了另一个可以整队转移的机会。结果大有前途的好苗子也错失了机会，非常可惜。

不得已要与环境对决和硬扛之前，请务必理性思考一下：自己真的无法适应吗？自己真的不能接受那些并不与职业规划冲突的改变吗？

期望和目标：不变的是期望和目标，调整的是时间和路径

就5年左右的职业规划而言，设立的期望和目标，轻易不能改变。在就业的冬天，需要调整一下时间安排和实现的路径。原本希望在5年达成的目标，可以放宽到6年；原本希望达成目标的方式，可以根据现实情况加以调整。

我认识两位HR经理——袁先生和谭小姐，目标都是若干年后成为HR总监，都遭遇了企业过冬的变故。袁先生被老板任命为行政人事经理，两个部门合并、减少人员。于是每个人都成了多面手，承担了原来两个甚至三个人的工作。他经过思考，承担了费时费力的企业ERP（Enterprise Resource Planning，企业资源计划）系统建设的组织工作及销售管理组织框架调整和制度建设的工作。他告诉自己：一个好的HR总监应该懂业务、懂企业架构和格局。眼下，他领着同样的薪酬和待遇却付出了更多，但是他相信一切在未来都会得到回报，不一定是老板给出的回报，而是自己成长所带来的格局和能力上的回报，即便不在这里也会在别处兑现。

谭小姐被老板要求操作裁员，她兢兢业业地做完了这件为难的事，各方都表示可以接受。而在老板要奖励她的时候，她最后一个裁掉了自己。因为在此过程中她看到了这个企业的文化价值观和自己本性的很多对立面，所以她接受了一家大型企业平移职位、平移薪酬的聘用，牺牲了驾轻就熟的环境和工作强度，迎接了全新的挑战。她告诉自己：在成长为HR总监的过程中，大型企业的系统建设和管理经验是提高眼界的重要一环，而现在正是时候。

留守和跳槽，在冬季里都可以是好的应对方式。之后我会给出判断的标准和技巧。

资源和能力：书到用时方恨少，亲人挚友不嫌多

资源和能力的积累是所有职业发展的基础，是最重要的事。但是最重要的事往往都是不急的，而急事只是因为紧急，往往都不重要。我们太多的时间都用来应对急事，而重要的事虽然心里有数，但很容易今天拖到明天，明天拖到后天，等到冬天来临，真正需要应付的时候却措手不及。还记得小时候语文课本里的那篇《寒号鸟》吗？

春、夏、秋的空余时间如果都是在和一些狐朋狗友厮混，到了冬天，有哪一位能给你提供支援帮助或者介绍新的机会？为什么没有去参加培训学习？为什么没有去有意识地结交一下前辈、大佬？有些钱花了能让你爽一天，有些钱花了不见底，甚至看起来就是花钱买罪受，但你明明知道什么才是正确且重要的，却依然选择了眼前的享受。

如果你之前没来得及好好建设自己的人脉关系，当务之急，是先慢慢看一遍你的通讯录和微信朋友圈，找出3个你内心认为非常牛或者能帮助到你的人，用最快的速度想尽办法去和他们见个面。不管是公务拜访、约喝茶、组饭局甚至蹭饭局，哪怕跑去他演讲的会场、踢球的球场堵门……用你最真诚的方式，向他咨询你的困境应对方法，寻求他的支持或指点。同样的事情你更应该做的，是约你的直接领导！如果所在单位更高层有能说得上几句话的，买杯咖啡聊几句也值得。

如果你之前没有好好完成学习和提升，眼下，先学习解决你手头工作最大困难的方法。如果是市场问题，就去学习数字化营销和自媒体渠道；如果是C端的销售问题，就去学习网红经济，是B端的就去学习会务销售和隐形门槛；做财务的如果觉得自己没什么问题，都是公司经营不善，那就从公司高层的角度，去想内部挖潜节支和外部拓展融资方式的学习之道，了解一下阿米巴组织和债股结合转换。先不要讲系统，从一个点开始慢慢延展到其他领域。也许你会问：学习了用不上怎么办？这完全可能。但这也是你眼下唯一的应对之道。一时用不上只是因为以前的积累不够，所有学习到的东西都会在某个时刻让你看到效果。

愿景：初心在哪里？何处是始终？

我们不断提升自己，与其说是要改变世界，不如说是不想让世界改变我们。

春天我们会为了成长更快而忘记初心，夏天我们会因为太忘乎所以而忘记初心，秋天我们在收获的时候忘记初心，冬天我们会因为存活而忘记初心。

有人说经常怀旧是一个人变老的表现，我从不这样认为。我从高中时就记得叔本华的一句话："往昔犹如失却的伊甸园。"虽然当时不太懂，但越往人生深处走越能领略其中滋味。最美好的就是你初识这个世界的时刻，你最初想着要如何拥抱这个世界的愿景，你所有的人生体验都是从那个初心出发。如果兜兜转转了一生却发现早已找不到那个出发的地方，那么人生终将会画上悲凉的句号。

以上文字暴露了我骨子里的文艺。职场上，有时候那份初心、那点情怀会帮你做出一些当时不明所以、事后才了然于心的决定。在严冬里，更要问问自己：你真正喜欢的到底是什么？你真正想要的究竟是什么？问题的答案和可能的选择，或许当你回忆起高中和大学时光，回忆起刚入职场的那些年，回忆起曾令你无比愉悦的那些成就，它们自然而然就出现了。

执行：冬天更要多跑跑才暖和

不要盲目地去分析大形势，更不要盲目地根据道听途说下结论、做改变。后面我会讲分析宏观、分析企业的方法，而那些方法并不是简单听听就能会的，需要试炼。所以你平时在朋友圈或许偶尔能看到真知灼见，但也有满天飞舞的胡说八道；有很多专家，但是更多的是伪专家。他们出台建议的方式其实和你并没有什么两样——到处搜罗信息然后剪剪贴贴，在这个充满了“冗杂噪音”的信息时代，做任何分析、形成任何结论都需要经过亲自调查和思考。

在此之前，***把你在冬天刚到的时候，正在做的那件事，***

用更多的力气、更好的方法做下去，就是过冬的法门之一。

互联网金融是一个一放就乱、一管就死的行业。这个行业的冬天来得比其他任何行业都早一些，2016年的监管新政就是第一场雪。对此，不同的人有不同的看法。有人认为监管之下大浪淘沙，会让行业更好地发展；有人认为行业已死、大家散了吧；还有许多人纷纷转型，或者寻找大金融机构卖身投靠。谁的想法更正确？不好说，不同做法因人而异。

我认识两位业内人士，都是做后端数据维护和运营的，就是用技术手段给用户画像、贴标签，用各种维度对用户做信用背景评估。甲先生精明敏锐，擅长躲开“大坑”，当年就是从团购领域转到互联网金融行业，安然避险还涨了薪资。监管新政一出，他敏感地感觉到公司发展可能会受阻，但是也不知道接下来该去哪里、该干什么，但总是觉得自己好像正在泰坦尼克号上，船随时会沉没，能早点上救生艇就上吧。于是他找了些以前的关系，去一家做企业ERP服务的公司上班，工作难度降低很多，也算稳定。

乙先生不知道企业未来会怎样，也不知道该去哪里、该怎么转型更好，既然都不知道，就安心把手头的事情继续做下去，反正公司也没有叫停这一块。他不知道很多事，只知道一件事：眼下数据管理和分析这件事是有价值的，自己职业的未来一定和这件事是相关的。公司业务的确流失得很严重，财务传来的消息是公司要倒了、要卖了，各个部门的人都在纷纷另谋生路，乙先生的直接领导也离职了。而乙先生和几位朴实而没想法的IT男们继续做着自己应做的事，在企业风雨飘摇之际竟然还完成了一些技术攻关。

最终的结果怎样？我会拿来当案例，自然是好结局。这家公司最终有人接盘，避免了清退出场的败局，而接盘的企业最看中的就是公司的客户及乙先生所在部门的技术。其他部门有裁员，而乙先生的部门却需要扩招，因为直接领导离职，由乙先生接替担任了技术总监。

有时间东跑西跑打探消息，有时间呼朋唤友喝酒排遣，不如安安心心先做好手头那件正确的事。很多人在碰到外部变故的时候，首先自己乱了方寸，心思浮动，行为迷惘，而我要告诉你的是：在没有明确的计划以前，继续执行以前的计划，并且花更多的心思做好它。你的每一点超出一般人的表现，在冬天时都表现得特别明显；当周围的潮水落下去，水底不动的那块石头就出现在众人眼前。

发展方向：别人曾经的错误对你来说是礼物

在外部环境变得不好的时候，大多数人都会因为看不清楚外界的方向，进而怀疑自己的发展方向是不是有问题。我要告诉大家的是：在经济领域，从来没有人事先就知道往前的方向是正确的。经济学是一门解释科学，它是从以往已经发生的事情中，找出成功和失败的原因，进而将一些规律性的原理提炼出来，成为一门学问。但是经济学不是数学和物理，数学公式和物理定律可以准确地告诉你在什么情况下你会得到怎样的结果，而经济学做不到，经济领域的事和太多变量相关，国内政治、国际关系、科技进步、社会变化、人类心理、文化演进等，甚至一个小小的事件就可能给经济领域带来极大的变数。预测方便面行业趋势的时候，有几个人会预见到高铁普及对其的影响？只有当行业数据出来以后，通过不同渠道销量的比对，才知道高铁提速降低了原本在铁路和公路运输上的方便面的需求。所以，再优秀的经济学家，也无法通过准确的预测在股市投资上赚大钱。

所以，职场人完全无须因为外界的变化而怀疑自己的方向，对自己发展方向的把握，只来自于你对自己的认识和你对未来的规划和希望。

但是在冬天里你可以看到很多其他人所犯的错误，就像经济学家在经济危机时总能找到特别多的理论和发现。

有家企业在资金链偏紧、业务发生困难的时候，总经理被老板辞退了。销售部门的负责人仗着销售是全公司的重中之重，趁机上位，半懂不懂地开始去管理其他职能部门。他自以为所有的管理工作都很简单，横向学习不复杂，更致命的事情是：凡是发生管理冲突的场合，他永远以销售为先。过不了多久，爆发的结局可想而知，他非但没有成为综合管理者，连原有的销售管理岗也待不下去了。这个错误对于所有人都是一个教训，有两个当时也曾跃跃欲试想上位的部门负责人顿时清醒，接受了财务负责人代理公司总经理的临时决定，因为此时公司的管理核心是财务问题，而财务负责人也清楚地认识到自己使命的临时性，并未全盘管控，企业在相对协作的氛围下开始共渡难关。

我们每个人都不容易认清自己，但是都很善于观察和发现别人的问题，而现在就是好好利用那些观察结论的时候。你把身边那些发展得好的人和那些你认为不怎么样的人拿来分析分析，尤其是那些你觉得应该不错但却搞得不咋样的人，他们犯的错就是你要小心避免的。

而我之前提到过的那个 IT 部的产品经理，喜欢上金融产品的研发固然发自他的内心，还有另一个理由是他见过太多 IT 产品经理一心只想往技术方向钻，对于产品需求方的专业不求甚解，所以有很多人在某个时间点都会被剥夺话语权，因为企业发展毕竟是由市场和用户主导的，一个完全不了解市场和公司所提供的产品和服务的人不可能真正成为产品经理。所以他从过往的工作中认识到了“IT 男会武术、谁也挡不住”的道理。

我没法告诉你什么发展方向是对的，即便我深入地了解了你，就像我在做职业规划咨询时了解的那些人那样，我也只能给出一个参考的意见，并且真的不能保证任何事。但是，你所看到的别人的错误是你的礼物，只要想一想这个错误是怎么发生的，你就可以让自己避免重蹈覆辙。

组织：是时候改组一下日程表了

气候变化的时候，你的工作内容也在变化，如果你决定了个人职业规划的调整并开始采取行动，首先该改组一下你的日程表了。我建议你在日程表上做四项调整。

第一，之前说过，找到 3~5 位你内心非常认可、事实上也非常成功的前辈或者师友，联络并安排一次见面，听取他们对环境的看法、对你的看法和建议。同时，约见一下你的现任或前任直接领导，如有机会能约见更高层级的领导更好，请他们给你提下意见和建议，也说说你的工作设想。这个日程要尽快安排，两三周内排好这个时间。

第二，把你的爱好和擅长的事情，逐渐变成一件专业的、能和现有职业内容关联起来的事，必要时还能成为一件可以获取收入的事。

我认识一个女生小刘，刚入职场一两年，想从金融项目的助理做起，学习和工作都很努力，但是很不巧，她的第一份工作就碰到了一家很快就倒闭了的公司。由于公司背景很差，很多同行老板也有迷信心理，加上毕竟资历太浅，没有很合适的工作机会，而能给出的职位都是公司前台和行政。她非常坚定地没有接受。为了能有一些收入，她经朋友介绍兼职帮几个学者和高管打理个人微信公众号，美化版式，调整字体，管理后台留言等，虽然收入不高，但能勉强维持生活。更重要的是，在这个过程中，那些小名人们对她的了解逐渐加深，转而把她推给了金融界的朋友，没过两个月，女生找到了满意的工作。我简直怀疑当初这就是她曲线求职的方法啊！当然，她还在用业余时间继续打理着那些自媒体，不仅可以学习，又可以维系人脉，还能赚零花钱，何乐而不为呢？

第三，根据规划，排出固定的学习时间。哪怕是线上的时间，都需要在日程表中固化。人的思维活跃度也受生物钟的影响，如果平时在某个时间你已经睡了，那么某一天突然用这个时间点来思考问题一定效率偏低；如果你在日程表上、每天的生物钟节点上排出固定的学习时间，那样学习效率便会事半功倍。

第四，跳脱舒适圈，坚持做一件有用的事情。例如，每天晨跑半小时，每天晚上做50个卷腹，每天中午背10个英语单词。事情不在于大，时间不在于长，这件事情给你带来的变化你需要很久才能看得到，但当你看到时你会感恩。就眼下而言，最有意义的是跳脱了舒适圈。在外部环境不好或者自己心情不好的时候，人很容易去找些让自己舒适的事情来缓冲一下，比如喝喝酒、看看电影、聊聊天，我不反对偶尔调节一下生活，但是如果一直处于“外界让我不舒适、我要让自己舒适”的惯性里，是很容易产生惰性的。外界的环境你不能决定，你只有主动“逼自己进入不舒适的情境”，才能保持斗志和紧张感。

能力提升：补短板和拉长板

冬令进补，正当时节。

补什么？要么补上短板，要么拉足长板。

补短板，很容易理解，在你以往的工作经历中，时常给你带来困扰的、周边同事和领导对你最不认可的地方就是你工作的短板。我碰到很多学生都将问题归因在自己的个性上，我认为首先这就是一种托词，大多数问题不是由于个性，而是缺乏方法或者思维模式有缺陷。即便真的个性独特，也不是问题。“管理无定式”，任何个性的人都可以找到自己的职场管理沟通方法，过于偏激的个性也有办法调整。

短板来自于你知识结构的不足，不能很好地理解相关领域的事物；来自于工作方法的不足，例如沟通技巧；来自于思维模式的局限，例如不能建立多进程同步的思维模型、不能理解企业整体战略和自身局部关系等。冬天补短板，春天好发展！

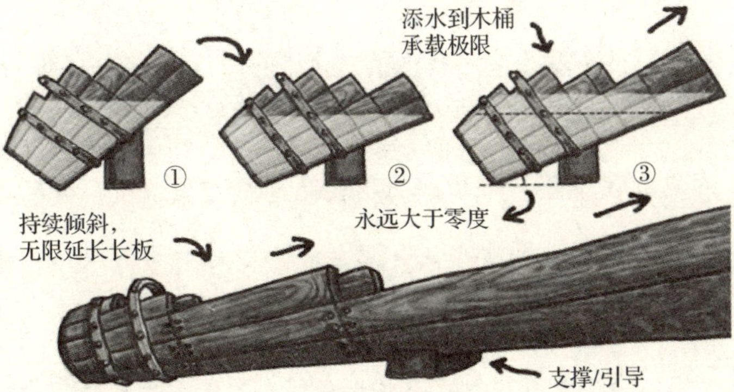

长板理论

现在还有一种长板理论，颠覆了原来“能装多少水取决于水桶的短板”的理论，认为如果长板足够长，也是可以多装水的。尽管从数学上一算就能得出结论，多用的那些木料和多装的水相比是绝对不经济的，但是这个理念在现实中有其价值。尤其是在团队中，和普遍均衡的队员相比，也许更需要那些长板鲜明的伙伴加入。

三连问：

你的长板在哪里你自己知道吗？

你的长板有没有相当长的拉伸余地？

你的长板和你的内心爱好一致吗？

如果你的回答是毫不犹豫的三个“是”，我非常鼓励你去做。

有家创业企业，市场部的小顾特别擅长做PPT，她总是能找到发言者最得意的那个点，用最吸引眼球的方式表达出来，而且整体色彩、调性特别像阿里巴巴、小米那些超级大气的幻灯片。她被老板和各级领导表扬以后特别得意，因为学历不高、颜值普通，这是她第一次得到那么多的肯定和鼓励，感到超级兴奋。然后，她就自费去深造学习PPT制作了，她还去阿里巴巴找同学介绍拜师……我觉得这条路她可以走下去，但是要随时警惕更简易的软件面世，所以要找时间将自己做PPT的高度再提升一下，从制作、美工提升到编剧、导演，层次就完全不一样了。当然，就眼下来说，我从旁观者角度看，对于创业企业来说，无论是对投资人、合作方还是用户群，PPT简直就是头号工程。所以这家公司就算裁到只剩一个员工，没准她都会被留下，给老板做个起死回生的PPT。

自我管理变革：不曾将我杀死的，都令我更强大

不管是外部环境、企业环境还是你的个人遭遇，只有在意职场的人才会对所有的事情上心。所谓的自我管理变革，就是在经历了那些纷纷扰扰，那些出乎你意料的事件，那些你没有想到的职场冰冷规则，那些你没有猜到的微末人心之后……你终将会拓宽眼界和格局。

那些你所仰慕和尊敬的人背后，都有过你看不到的冰河时期。他们熬了下来，才拥有了现在令你尊敬、仰慕的气场。一个人的自我管理变革，就是心态、思维模式、意识、气度和格局的变革。这些事都很难单单通过教育或者培训去拥有，而是在漫长的岁月里，依靠自律、习惯，融入言行而得到，在突发变故时依靠的是对抗、坚忍和突破。

这个世界永远充满着不确定性，而不确定性无法规避。可以通过经验和能力来管理的那部分叫作风险。风险可以管理，你不能消除但是可以找到应对的方法，例如保险公司通过概率应对风险，金融企业通过大数据法则应对风险。而还有一些不确定性无法管理，只有通过积累的物质资本和关系资本去硬扛。一个卓越的职场人，他的气质来自于不断提升的管理风险的能力，他的思维和格局和那些从未见过风险、从未经历过失败的人是完全不同的。而他在那些无法管理的不确定性到来的时候，懂得用心态、用积累、用方法去应对，不求事事都尽如人意，

但求无愧于心。当一切都过去了，境界又会不同。

作为一个普通的职场人或者是中层管理干部，所谓的危机，说到底无非是降薪、调岗和失业。看清问题，看清自己，改变不了外界只能顺应，可以变革的是自我管理的模式和格局。但是一定要记得：你的初心、你的规划、你的变革是为了继续实现自我，而不是为了迎合！顺应的意思是顺势而为，包括了撤退、迂回，既不能玉碎，也不能投降。

经历过冬天，你与之前的你已经不同，所有杀不死你的，都将使你更强大。

| 第二章 |

抬头看大环境

宏观世界之于微观世界的影响

我曾经带过数以千计的下属，建立过上百份人才档案，对于那些我经过观察后认为具备更高职场潜力的人，只要条件允许、机会合适，我都会让他们去领导一些更大的团队、接手更难的任务。我发现有潜力的人和普通员工相比，他们有一个共同的特点，就是他们都关注国家时事和行业动态，而绝大多数普通员工对这些漠不关心，更关注八卦新闻和公司周边新开的餐馆。

人们会不自觉地接受自己喜欢、钦佩、信任和崇拜的人的影响和暗示，这在心理学中称为“皮格马利翁效应”。而怀有积极期望的人往往更容易走向成功。这一效应在那些有潜力的员工身上都有所体现，他们都受到不同榜样的影响，或许是家庭中德高望重的长者，或许是循循善诱的师长或领导，或许是文采斐然的作家。总之这些榜样给他们一种暗示：人应该要走向更高的地方。所以他们在潜意识中就会去试着了解和思考，那个更高的地方究竟是什么样的。

除了一些特殊的岗位以外，就职场而言，有无对国家时事和行业动态的宏观视野，对基层普通员工的工作质量和效率几乎没有影响，但对中层员工的工作会有一定的帮助。这种帮助既体现在内部管理和外界沟通方面，也体现在工作成果的高度和深度上。而高层员工如部门经理级别以上的职业经理人，如果对时事和宏观经济不了解或没有形成正确的观点，对其发展将是极大的阻碍，因为越往上走，职场人之间体现在具体专业上的差异就越来越少，更多的差异体现在格局和理念上。

我曾经给一些有一定规模的企业的中层以上管理干部讲课，在讲到宏观经济的时候，发现有好几位副总对 GDP、银行降低存款准备金率和降息对经济的影响都完全没有概念。作为有几千名员工、几十亿元产值且在行业有一定地位的企业，我为这个企业中高层管理干部的决策能力感到担忧。到了这个层级，才想到听课学习已经有点晚了，因为这是一项从职场起步时就应该进行的修炼。

那些时事、宏观经济、行业态势，对基层的员工来说，只需要去听、去了解；对中层员工来说，需要去读、去思考；对中高层职业经理人来说，则需要去交流、去研讨！走路从来不抬头的人，走得再快也会走偏，没准还会掉进大坑。在职场的任何层级中，格局最小、能力最差的那个人，一定对世界、对国家、对经济形势知之甚少或者人云亦云，还很容易盲目听信各种小道消息和谣言。

谁也不是“生而知之者”。在我刚刚踏上工作岗位的时候，我也不知道应该有意识地加强这方面的修炼，但有两个事件推动了我。一是作为实习期的员工，我会做很多事务性的工作，一时也看不到什么业绩的那种，其中一项就是接待全国各地来到改革前沿阵地保税区参观的政府或企业考察团，陪同他们参观并进行讲解。因为我不想在当导游的时候说不出个所以然，被提问时什么也说不上来，所以这项工作迫使我浏览了关于改革政策、浦东新区规划、国际保税区运营模式及招商来的外资企业情况等的大量文件。而在和客户的交流中，我也了解了很多其他地区的经济状况，这些内容都很有意思。

另一个事件是当时公司订阅了一份《经济参考》报，每天报告我们公司订制的经济信息，外汇、国际大公司动态、政策解读之类的，当时没有互联网，是每天定时用传真发过来，两三页纸，一年要1000多元。在20世纪90年代，1000多元是挺大一笔钱，我想这么贵的信息怎么能浪费呢，加上我大学还是学经济学和金融的，权当是课外读物，全都阅读了。

这两件事无形中培养了我每天关注时事和行业动态的习惯，

也经常思考这些时事对本公司和自己的工作内容会带来什么影响。直到我不久之后成为企业对外信息发言人、担任董秘，我才认识到这个习惯对我职业素质和格局的培养带来了多大的帮助！

你的宏观视野有多窄，你的微观地位就有多低。

我把自己的经历看成是一种幸运，那么你在今天看到我的书，也是你的幸运。无论你是哪一个层级的职场人，请从当下就开始吧，因为扩大宏观视野是你未来发展的必修课。

你可能会说，你说的都对，但我是来寻求应对冬天的方法的，你说的事又不能马上见效，也不能帮我解决眼下的困境啊。

怎么不能帮到？我接下来就要说说你该怎么看待所感受到的寒冷，又能到哪里去避寒。如果我有没有说完整、没说到的地方，或者和你的小环境不一致的地方，你都可以先自行思考一下。碰到问题，都没有好好去理解和认识一下问题的本质，就匆匆忙忙地去寻找所谓的应对方法，能起到好的作用吗？

所以，当现在很多人都在说职场“凛冬将至”的时候，你至少应该先明白“冬天”的说法是怎么来的。

为什么说冬天来了？

大家都在说冬天来了。

这是因为大家对于冬天这个词的认同和恐慌感。

很多事情大家都知道，似乎也是定义冬天的“实锤”：中国经济发展速度放缓，GDP 增速下降，整体经济很艰难；国际贸易形势不乐观，美国挑起了贸易战，中国外贸企业很艰难；金融杠杆很严重，房地产、地方债务问题都引发了一定危机，去杠杆的过程中，小企业的日子过得很艰难，老百姓理财也很艰难；很多甲方的应收账款要催收，很多供应商交货难，所有企业过得都很艰难；企业艰难，还看不到实质性的降税、扶持之类的救命政策，于是职场人就很艰难；一个人干几个人的活儿太累了很艰难，活儿越干越少心慌慌也很艰难，企业效益不好没有年终奖还可能会降薪很艰难，企业裁员增效被谁碰上了都是绝对艰难……到处都艰难，凛冬难过啊。

在经济学中有个很重要的概念，叫作“周期”，这在社会学、心理学上也有应用。所谓事物在螺旋式上升，月满月亏天道循环，都是古今中外对周期的认知。我们现在碰到的很多事情，都是周期的作用。

国际经济形势是有周期的，全球繁荣、紧缩再到新技术革命、复苏发展，都是周期循环的。以前出现世界性经济危机时，会发生战争。而在当今全球化的时代，局部冲突依然存在，但是出现世界大战的可能性就很小，更多时候会通过贸易战和地区合作边打边拉地共渡难关，等待新的市场或者新的技术带动经济复苏。过去很多年里，中国市场的兴起和互联网技术带来的革命都曾是全球经济增长的重要动力，那么印度、非洲或南美会不会成为新兴市场？新能源或人工智能技术会不会带来新的革命？

中国经济同样也有周期。30年的高速发展原本就不是必然，早在10年前我们就曾经面临过周期性的经济下降，只是人为的经济政策延缓了这个进程。

政治改革也有周期。我国的改革是从最底层的地方改起的，从最基础的行业和层面入手，这么多年改革下来，红利也在逐渐降低；再往后需要更深层次的改革，推动一些更难的事情，进入到更高的层面，而眼下正在抉择与筹措的关头。

人的心理也是有周期的。改革开放带来的致富热情是有波动的，致富带来的示范效应也是有波动的，而负面的信息同样会带来情绪和思想的波动。也就是说，人们并不会一直保有高度的热情和正面的情绪，社会心理有高低波动的周期。

以上所有的周期都是正常的。

问题是所有周期的低点或者偏低的点在这个时间段叠加在一起，就会造成凛冬感。

三门灭绝人性的注册会计师考试、父亲的手术、工资缓发、信用卡账单到期、恋人生日、开车遭遇碰瓷要扣车赔钱、自己又重感冒……如果这些事情在一周内发生，你就要疯了。

这每一件事都不是不能应对，但是它们集中在一个时间段里发生，很多人就会只剩下绝望感。

但是绝望感不能解决任何问题。你应该做的仍然是分头处理，尽量安排好时间、提高效率，同时想办法取得外界帮助或者挖掘自身潜力。最不应该做的是什么？就是因为负面情绪而给恋人脸色看或者把坏人打一顿。

我们来看一看那些叠在一起的周期低点，分别都是怎么回事儿。

中等收入陷阱

什么是中等收入陷阱？中等收入陷阱是世界银行在 2006 年提出来的一个概念，指一个国家发展到中等收入阶段（人均国内生产总值为 3000 美元左右）后，可能出现两种结果：一是持续发展，逐渐成为发达国家，像日本、韩国、以色列、新加坡就是正面范例；二是出现贫富悬殊、环境恶化甚至社会动荡等问题，导致经济发展徘徊不前。后一种结果就是中等收入陷阱，像阿根廷和马来西亚就是反面典型。这些国家往往陷入了经济增长的停滞期，既无法在工资方面与低收入国家竞争，又无法在尖端技术研制方面与富裕国家竞争，高不成低不就。

2017 年中国人均国内生产总值接近 60000 元，超过了中等收入水平，但也出现了中等收入陷阱所描述的那些现象：贫富分化比较严重，工资水平上升导致国际竞争力下降，环境问题逐渐突出，而高精尖的科技开发和应用能力相比国际领先水平还有差距。作为职场人，了解这些是很有必要的，但是要去搞清楚中国究竟有没有掉入中等收入陷阱、能不能走出来，那是学术界和领导层的事情；你要去思考的，是和你息息相关的事情。

贫富分化严重，和地区发展不平衡有关系，和不同产业的收益率也有关系。所以，为什么现在要推动第二轮的城镇化？将发展重心移向中西部和三四线城市是不是合理的？如果答案是肯定的，那么医疗、教育、餐饮和城市服务相关的从业者，将业务从北上广推向三四线城市或许能抢占先机？那些垄断性的高收益率行业，例如石油石化和影视文化都感受到了有形无形的压力，那么农业、牧业、基础制造这些行业的从业者是应该选择收缩还是低位布局呢？

工资水平上升导致国际竞争力下降，所以减员增效对很多企业来说已是必然。作为职场人，首先需要理解原委，然后考虑是否可以开发高收益率的产品，开发内销市场，或者主动报名去境外设厂。

环境问题的突出，对于环保企业来说会不会是机遇？现在各种债务和支付方面有点困难，是不是应该在这方面多想办法？一旦渡过难关，未来天地广阔。

国家之间在高精尖技术方面的差距，让大家看明白了生产力的本质。作为职场人，你是否该思考一下商业模式创新型的企业和具备核心技术竞争力的企业，究竟哪一种更具长远优势?

投资拉动的边际效应递减

其实中国早在2007—2008年，就到了周期性调整的节点，不管是国内形势还是国际金融危机的原因，总之我们采取了"投资拉动"的策略，然后GDP迅速出现了反弹，回到了高位，但是随后又一路下滑，之后仍有过几次投资拉动，却再也达不到预期的效果。这个政策对不对、应不应该，得失该如何评价都不是我们的事，但是我们要明白一些原理。

拉动GDP的增长要靠三件事：投资、消费和出口。消费就是国内居民的各种买买买，买车算消费，但买房不算消费，还有就是衣食住行的各种花费。刚有钱的时候特别愿意花钱，因为不买东西显示不出富裕，慢慢地没有什么大升级的话，也就没那么多要买的，很多人还开始过上"佛系"生活、断舍离了。出口就是生产东西往国外卖，前面也说了，国内工资水平高了，但技术能力增长还不够，加上有些大国觉得中国太能生产了，不断给我们"分配任务"，所以我们的技术能力增长更缓慢了。在这种情况下，就只有靠投资了，就是政府出面征地，建高铁，建机场，通过投资来拉动国内生产。毕竟GDP下滑太多，会造成就业、金融、社会等一系列大问题。

下一个知识点来了：边际效应递减。这是什么意思？假设给你吃 10 个一样的包子，你吃第一个包子和第十个包子的感受会大不相同：吃第一个包子心满意足，吃第十个包子直接想吐。投资也是一样，所有的投资都是基于能产生效益的预期。第一笔投资能拉动许多经济增长是因为的确有很多需求紧迫的项目；第二笔投资拉动得少了，是因为项目需求可能不再那么紧迫。同理，再往后追加的投资可能效益会越来越低，这就是投资拉动的边际效应递减现象。为什么效益越来越低？因为能消化、利用那些投资的人才、技术和相关投入的成长速度跟不上投资的速度。

明白这件事之后，职场人该思考些什么？如果迫于 GDP 的压力，还是必须增加部分投资的话，应该投到哪里？你关注一下新闻就会知道，所投资的行业和领域与你所在的行业是不是相关。如果相关的话，可能其他人还在冬天，你已经迎来春天了。而除了继续增加投资以外，根据逻辑就只有两条路：第一是大力提振消费和出口，第二是把社会资金和力量投入到之前投资过却没产生足够效益的地方去，这和前面说的将发展重心转移到三四线城市是不是一致呢？

成本收入两头压缩

这是企业所感受到的寒意。你要理解企业老板的难处，成本提高、收入减少几乎是所有老板的困境。作为职场人，老板就算是衣食父母了，如果他没有了衣食，绝对不会来当父母。我们来帮老板想想辙。

成本分两种：一种是基本成本，像厂房、办公室、设备及中后线行政、财务、人力资源、客服那些人员的开支都包括在内，就是不管开不开工、生不生产都要支出的成本；另一种是浮动成本，包括工人、原材料、耗材、包装等，生产就有，不生产就没有，多生产就多、少生产就少。你的职场机会在哪里？可以找找有没有还可以节省成本的地方。

我有两个同学都在从事汽车零配件制造的企业。一家企业年年推行技术革新和流程优化，凡是能带来 0.1% 到 1% 效能提高的都有奖，有时候一个很简单的根据工艺变化而做出的场地调整每年就能减少十几万元到二十几万元的损耗。另一家企业也只做了一个很小的革新，就是将大尺寸的包装箱调整为与客户生产需求相匹配的小包装箱，但这节省了自身仓储和搬运的费用，每年节约近百万元。这些事情都只有基层员工才能了解，管理层对此不会有切身的体会和感受，但是又有多少基层员工会主动去提出改进呢？我这两位提出革新的同学，都得到了职级上的晋升。

收入除了合同金额以外，还有很多看不见的影响因素。比如，收入是及时到账还是拖延3个月甚至6个月？按照现在的资金成本，拖延就会造成3%~6%的亏损。再比如，为了得到收入是否有其他额外费用的产生，比如接待费用、延长尾保或者免费维护？这些事情，有时候和合同金额和合同条款一样重要，你作为财务、销售、客服部门的职场人，有什么更合理化的建议吗？

制造升级的停滞不前

都在说制造升级和技术革新，但是过去很多年大多数企业都在做商业模式的革新，也就是把钱花在渠道上。你看现在不管是线下实体店、线上平台、垂直电商、微商、自媒体还是网红带货，所有的渠道都还是那些货品，拼到最后还是在拼价格，争来争去还是拼多多蹿得最快。作为职场人，你要思考的是还有没有新的路子？要是这难度有点高，那么你想想哪个路子最适合本企业，这个路子能带来多少销售量的提升。更重要的是，你有没有看到可能是品质升级或者创新品类的产品？你的企业有没有能力去做？或者你有没有机会去参与？

消费意愿的匮乏

消费降级，绝对和制造升级的停滞不前是密切相关的。现在很多消费者认为没有出现品质和功能升级换代的产品，就一直用旧的好了，反正也没坏，有什么必要为了换个颜色、换个造型就花那么多钱呢？包包、衣服这些生活用品都没必要买那么多，断舍离、简约才是新时尚，原来的消费观是花 2000 元买 4 件换着用，现在是花 800 元买一件品质更高的。你说这是消费升级了还是降级了？在这个趋势下，职场人应该做什么思考？根据你的企业所生产的产品或提供的服务，想想其品质和销售渠道匹配吗？企业流量变现稳定吗？业务模式和用户心性的变化吻合吗？如果答案是否定的或者还有待优化改进的地方，这对企业经营和个人职场发展都可能是个好机会啊！

另外，还有很多领域的消费意愿在不断上升，你有没有及时了解？玩具和乐器的消费意愿在下降，但是教育和培训的消费意愿在上升；游戏的消费意愿在下降，但是付费电子读物、视频和音频的消费意愿都在上升；新车市场不佳，但是二手车市场在崛起；医美、宠物、茶饮、个人护理等都是处于上升中的消费领域。在你的工作中可以去哪里找合作、找客户呢？有没有机会？

资金市场的畸形

最后我要说资金的问题了。就在我埋头写书的时候，听说我很久以前任职过的一家互联网金融企业最近好像顶不住了。其实我一直认为，当时 P2P 行业的出现不是没有理由的，如果不是中小微企业和个体人群那么缺少资金的支持，这个行业怎么会在短短几年里以超常规的速度发展起来？只是当骗子越来越多以后，行业难以为继，而金融机构的资金仍然嫌小爱大，整个市场的毛细血管枯萎干瘪，才进一步导致民间金融彻底崩溃。

大多数人都在中小微企业工作，因为中小微企业员工占到就业人口的80%。这些企业还创造了60%的GDP，但是它们只能得到银行贷款的26%~27%。你的老板碰到的问题，很多并不是经营问题，也不是利润问题，而是资金问题。

我有个同学的环保股份公司承接了一个大型企业的环保处理项目，垫付了几千万元工程款，甲方却说项目暂停一下，过几个月继续安装设备、调试，正式运转可能又要等一下，结款还可能还要再等一下。这样的甲方大企业，并不担心它会坏账，但是这几个“等一下”就差点要了一家国内技术领先的环保企业的命！这还算好的，这家企业还能获得一些银行贷款，虽然比例不到总资产的30%，其他的营运资金需求也都能通过融资租赁、私募基金以较高的成本扛着。

那么，大多数更小微的企业面临的是怎样的困境？就是供应商催着要钱，同时又哀求甲方准时付钱，资金周转一出问题，就要四处拆借资金。而对银行来说，除了抵押老板的房子以外，其他什么都不相信，什么都看不上。

作为职场人，理解了这个现实，那么如果你处于销售岗位，就该考虑客户关系和付款时效的事，财务岗位就该考虑财务管控和资金调配的事。无论你处于企业的哪个岗位，在冬天里都要好好了解一下财务上对自己的希望和要求。因为这个时节，对老板最重要的不是赚钱而是存活，不是利润而是现金流。一个部门新签了2000万元的合同，而另一个部门保证了原来的2000万元合同按时付了款，在冬天里，很可能是后一个部门的经理更加分。

凛冬中的三条出路

经济周期里比较寒冷的这个时段，也许很快就会过去，也许还要等一阵，还有人说这才刚开始呢。我觉得都不好说，经济学家都是最优秀的总结家和思想家，但不是、也不应该是预言家。而对于职场人来说，我们更不需要过多纠结于那些宏观事物，只要明白一些事物发生的原因及即将出台的政策会影响哪些方面就已经很好了，不要盲目轻信别人的判断，尤其是那些所谓的“重磅”“绝密”“国人都震惊了”的消息。我们更需要思考的是那些专业名词背后和自己的企业、自己的职业息息相关的事情。

而且不管是在经济周期的什么时段，都有闪亮登场的行业，也有黯然退场的；朝阳行业里也有灰头土脸的败将，夕阳行业里仍有转型逆袭的勇士；无论在什么企业里，面临破产倒闭，总是有人哭天抢地无所适从，也有人迅速找到新的平台继续发展。所以，冬天究竟有多冷，因人而异，而很多人的冷，是在于"别人觉得你冷"或者"别人说他们都很冷"，其中的水分不可不知。我最近见过最冷的企业已经关张了，但是员工们也还是都找到了去处，一部分平移了岗位和薪酬，说明其所在行业并不是全无生机，另一部分有降薪，剩下大多数都是非核心专业岗位和新岗位。

在大多数的企业中，感到最冷的人还是企业所有者，也就是老板。

而大多数的老板，也还处在各种坚持与等待中。

对职场人来说，一切的外部因素，都不应成为你停止前进的原因。老板停止前进是因为资本消耗殆尽；而职场人的投入资本，是时间。时间不会停，所以你也不能停止修炼和提升！

内在的修炼，从来不是为了迎接鲜花或者抵御寒冷，只是应然。

在寒冬来临的时候，有三种自我修炼的方法。

第一个方法是如同"草"一样，以最卑微的姿态活着，同时深植根系、积蓄养分，等待奋发。

在北地冰原厚厚的雪层下，草并未死去，只是默默地蛰伏着。

它将根系不断地往下延伸，透过坚硬的冻土，去汲取稀有的养分。因为阳光已经被遮蔽了，没有了光合作用，其生存非常艰难，而那一点养分就是生存的必需品。草坚信不久后阳光仍将普照大地，而最适合自己生存的仍是这方土地。

曾经有一家研究半导体材料的研究所，在改革开放初期，由于国家经费减少，所有的研究员都需要四处去寻找资金来合作，后来看着那些出资方都那么有钱，很多研究员纷纷下海，靠着现有的技术去工厂、公司拿高薪去了，在他们看来，和留在研究所的几百块钱相比，每月几千元收入绝对是更明智的选择。但是也有研究员没有走，他们相信自己研究的方向在未来若干年后的技术领域会有大量的需求，而一旦去了企业就会埋头于生产应用，中断了技术钻研的步伐。选择留下的研究员在很长时间里不被他人理解，也承担着家庭的压力，直到国内半导体行业风起云涌，而新突破的技术达到了国内领先水平，他们成为国内甚至国际一流企业合作的对象，合作资金以 10 亿元计算，还有人通过股权改制成了上市公司的股东，身价过亿……

对于技术型人才、专业型人才，或者说是纵向发展型的人才，需要有向草学习的意识。因为这一类人才的发展方向是明确而相对唯一的，发展的主要资本是不断深化和积累的专业能力与水平；当冬天来临时，可以选择换单位或者换城市，但是不能换专业、换发展的路径和方向。

20世纪60年代知识青年下乡，多少人就从此放下了书本，而那些坚持学习外语和数学的人成了第一批恢复高考后的大学生。他们相信寒冬总是会过去的，而阳光也不会辜负他们。

如果你是研究人员，法务、财务、HR方面的专业人员，或者你的职场核心竞争力集中于某一个行业或者某一个领域，那么无论怎样应对冬天，都要记住你的专业积累是什么，不要轻易让自己的积累在春天到来时变得毫无价值。

第二个方法是如同“羊”一样，坚忍执着地前进，不断寻找雪层之下的食物。

羊群坚忍地前进，往新的区域探索，不断地寻找新的草甸，或者在雪浅的地方发现被掩盖的食物。每一个新的发现，都增加了自己的体力和能量。它们知道如果停留在原地，结果一定是饥饿而死，而如果盲目地乱走，非但不能找到补给，还会增加体能消耗。所以，它们会跟随有经验的头羊，从周边环境的痕迹中去判断和寻找机会，彼此扶持。

有个咨询者柳君，来找我诉苦，他说老板现在给他压了好多的事情。原来他只管财务方面的工作，现在要管分公司运营，还要去做调整组织架构和裁员的事情，压力大到都快顶不住了。现在有个外资企业在招聘财务经理，薪资待遇比现在略高，过去也没现在那么多事，而且比较稳定。

我问他：组织结构调整和裁员不是应该由人力资源部负责吗？他说人力资源部的总监原来是偏向招聘方向的，现在企业缩编，把他辞退了。我又问：做分公司的运营，你懂业务吗？他说：原来多少知道一点，现在需要深入很多。我再问：有老的 HR 员工帮你吗，有业务条线的负责人支持吗？他说：有。我最后问了一句：你觉得你的公司还有前途吗？他想了想说：公司的客户关系还在，市场知名度也在，只是现在客户当中很多也都碰到了困难，熬过这一阵应该会好起来。

“那你还在纠结什么！”我立刻说：“组织结构调整是公司的顶层结构设计，你能参与，是老板信任；解聘、辞退是每个公司经常都会发生的事情，你能参与，是向那位老 HR 学习的机会，这样的事情每个人去处理心情都不会好，但是这不是你的错；兼管分公司运营，真正参与业务，是成为企业综合管理者的必经之路！”

我告诉他：“我觉得你的老板是在培养一个未来的常务副总裁，即便那时候你没有升职，你也具备了去任何一家同类企业担任高管的能力。你现在要问自己的是，凭借眼下的条件跳槽去外企然后一直保持稳定，和眼下多干活没加薪但是几年后可能在本企业担任高管，你选择哪一个？”

销售、市场、财务管理和企业综合管理人员，很大程度上是横向发展型的人才，职场的发展方向是以专业为倚仗、以多领域知识技能的综合运用为核心竞争力。这类人的过冬方法，适合向羊学习。不要轻易变更自己的职业规划，也不要放过任何可以增加自己知识技能储备的“食料”，不管好不好吃、累不累、难不难，都要去吃。你要知道，那些悬崖峭壁上的草，你能吃到是因为你已经具备了比较强的能力，有些羊想吃还吃不到呢。

所以，有机会多做事，尤其是能学到新技能的事，一定要去做。最好的成长都发生在实战中，而很多管理工作中的门道或问题在经济好的时候反而看不出来，越是在寒冬时节才越是暴露得清晰，这些正是学习的最好样本。而且与同类人在一起多交流，相互给予帮助和支持，相互学习，互通有无，不仅能帮助解决彼此的问题，还能共同提高。

第三个方法是如同“狼”一样以最强烈的意志出击，通过捕食让自己更强大。

狼，没有明确的个人规划，如果一定要说有，就是让自己更强大，至于实现目标的路径，很多时候取决于猎物或竞争对手在哪里。在冬天，狼比平时更暴烈凶猛，不仅主动出击捕食，还会为了生存空间和竞争对手相互搏杀，采用各种方式去挑战自己并没有把握击败的对手，而这样的争斗在其他季节通常双方都会隐忍避免。

对职场人，我其实很不愿意讲这个方法，因为你最直接的竞争对手就是你的同事。

但是再不愿意，这也是现实。我从不讲什么办公室兵法诡道，也不讲厚黑学，但职场的竞争一直存在，谁也无法避免。尤其是在寒冬季节，为了拿到更多资源和支持，躲开被辞退的名单，同事之间的竞争往往更加激烈。所以，不要讳言竞争，只是要讲阳谋别讲阴谋。竞争的首要砝码是业绩、表现、不可替代性，次要砝码是尽责、专业，再次砝码是情商、人际关系，如果这三种砝码都没有，那你的职场地位就如同洪峰前的薄堤、风化后的悬石般岌岌可危。

我亲眼见过一场同事间的拼杀。一家互联网企业有两个项目团队：其中一个操作着已经上线一年多的项目，该项目是企业的主要收入来源；另一个是后加入的团队，正在操作企业即将上线的新项目，是企业未来的转型方向和新的业务收入来源。两个团队争夺公司资源，包括人力安排、项目排期以及资金支持等，在投资人收缩战线、公司资金紧张的当口，新团队的负责人一改原先私下协商的低姿态，高调地将争议公开化，并且多次将“二选一”的难题扔给老板。

你猜结果怎么样？老团队会因其为公司曾经做出的贡献而得到支持吗？没有，一次也没有。老板一次次地力挺新团队，要求老团队以大局为重。没过几个月，老团队的负责人气呼呼地离开了，还带走了几个核心骨干。新团队接手了原有项目的运维管理，全力开发出新项目，并赢得了投资人的后续资金。

难道这些事非得新团队来完成，老团队做不到吗？不。理由很简单：第一，老项目已经不是公司的生命线了，新团队做到一半的新项目才是公司的重中之重，不可替代性很明显；第二，老团队在原项目开发和运行的过程中多少积累了一些与其他部门的矛盾，又多少有些居功自傲，这个人际关系的缺口被新团队负责人填补上了；第三，老团队应该主动协助新团队的工作，同时为自己寻找新的开发方向，强化自己在企业的位置，而不是一直躺在功劳簿上。

结果有点残酷，公司内外都有些人觉得新团队负责人有点过于狠辣。但是平心而论，在资源有限的情况下，如果不是通过这种对决，新项目能否按时完成就有个大问号；另外，新团队负责人衡量了自己不可或缺的重要性，对新老项目都能接手的专业性及与公司其他部门的关系，胜券在握时果断发起竞争，而老团队负责人既不“知己”也不“知彼”，胜负之数早已明了。

还有个更大的互联网企业，那位被公司内部广为称道、在业内也好评不断的CEO，最终也因为与掌握着公司绝大多数收入的部门相抗衡而黯然离职。

狼的目标，除了周围的生存环境，还有外部的竞争对手。他会把更有前景的企业中的那些能力不如自己的职场人作为目标，他会把别人的客户作为目标，他会把现有对手所忽略的市场作为目标，他会和跨界的力量合作创造新的武器去竞争。

什么样的职场人适合走狼的路？是那些工作要求保持高度竞争性的人、天生争强好胜的人、喜欢变化和挑战的人、有创新思维模式的人、行为果断的人、有赌性的人。看看自己的个性适不适合战斗，以及周围的环境是否有利于你的战斗，然后再做抉择。我并不反对公司内部的竞争，但我指的是明争而不是暗斗，那些小心机、小手段甚至是下作的方法，最多只能得逞于一时，因为心性一坏，永远都难以造就高层级的格局。而那些并不适合战斗的人，你同样要小心警惕地看一下周围，衡量一下风险，如果你只想做“草”或“羊”却不得，又该如何维护自己或者跳出危险呢？

这三种行事方法都是可行的，前提是你对自己必须有准确的定位与合理的规划。如果你以为自己能力超强或者稳操胜券，结果却成了竞争的失败者；如果你以为自己适应性强，有学习能力，结果什么食料也没有找到；如果你就是埋头的鸵鸟，跟自己说我选择的是“草”的路，结果成为狼的猎物，那么你就成了笑话。

在职场上，无论春夏秋冬风云变化，职场人可以成功、可以不顺，但是不能不明不白。所有的选择和行为，都要符合自我定位和职业规划，都要符合逻辑、有理由，这样无论遭遇什么危机都可以复盘，找到经验和教训，让自己以后的路走得更好。而不明不白的结果，不仅一无所获，还损失了时间，而时间不就是职场人最输不起的投入资本吗？

第三章

分析你的小环境

上一章讲到了大时代、大环境，其实你更应该关注的是小时代、小环境。大时代、大环境是世界经济周期、国家的发展阶段，而小时代、小环境是你的周围和你自己。

对于大时代、大环境的认知，是明了自己身处环境的趋势及未来可能受限的框架，当然也可以为你所预见到的变革和突破现有框架的变革做准备，这考验见识，成本风险也高；而对于小时代、小环境的认知，则属于日常行为的范畴。

举个例子，你所生活的街区、你所工作的楼宇，你必须了解它们。哪一天住宅楼清洗水箱会停水、什么时候写字楼里新开了星巴克咖啡店、旁边健身房关门了而你的卡费还没有退，这些都会给你的生活带来直接影响。而对于这个城市的其他区域，你可能需要知道哪里正在修地铁所以必须绕路，对于你偶尔出差或旅行的其他城市，你可能需要了解那里雾霾是否严重、治安是否良好。对于大时代、大环境，你需要了解的部分来自资讯及你对资讯的判断，只要有个大概认知就可以，没必要也无从去详细研究；而对于小时代、小环境，你需要更多信息，需要亲自去接触、去感受，因为你的了解程度决定了你的生活质量。谁也不想在脱光衣服准备淋浴时才发现一滴水都没有，谁也不想同事每天轻松从楼下买杯咖啡上班，而你却得傻傻走两个路口去买。

你的小时代、小环境，包括三件事：你身处的行业、你从事的职业和你所在的企业。

重新定义行业

我发现很多人对“行业”这个词似乎有点误会。网络搜索得到的对行业的定义是：提供同类相互密切替代商品或服务的一组企业。“行业”通常是指按生产同类产品或具有相同工艺过程或提供同类劳动服务划分的企业或组织群体的集合。我们对行业的定义来自现有企业提供的产品和服务内容，然后对其做了归类，最后定义了行业。

我认为对行业的定义，应该从用户需求角度出发。在传统的行业划分里，有互联网这个行业，但这不是一个改变所有业态的工具、平台或者说载体吗，怎么将其定义为行业呢？在传统的行业划分里，教育培训是一个行业，媒体出版是一个行业，广告是一个行业，影视文化也是一个行业。但从满足用户需求的角度出发，大概就是“学习”“娱乐怡情”和“传播”这三个大类。根据企业用户和个人用户，“传播”还可分为“营销”和“社交”两个需求。我认为满足用户同一类需求的才算是一个行业。所以在营销这个行业里，会务、培训、出版、广告、自媒体、网络、影视、综艺等无数传统定义的“行业”都在其中，我认为后面这些都只是行业的“事业部”。这些“事业部”不仅属于营销行业，其中的影视、出版也属于娱乐行业，培训、自媒体和网络也属于教育学习行业。如果把这些“事业部”当作行业的话，以娱乐和教育为主的书籍出版该如何比对和竞争呢?

这是当今信息化社会和多元细分、交叉跨界的市场态势所决定的。

以前所说的“同行”，做的是同样的事，直接相互竞争；现在“同行”做的事可能毫无关联，几乎不存在直接竞争。但是你在按用户需求所定义的那个“行业”里，可能与很多“他们那一行”的人正拼得你死我活。比如，把“康师傅泡面”打败的不是“老坛酸菜面”，而是“饿了么”在线外卖平台。

在以下的讨论中，请按照我的定义继续进行：***请把你从事的生产和服务的那个类别称为“行当”，请把你的产品和服务所满足的客户需求称为“行业”***。“行当”就像夕阳，会消失，例如寻呼业、家用胶卷业等，但通信和个人影像这两个“行业”一直都会存在。我们常说“百货业变得不行了”，其实这个说法并不准确。因为“零售”这个行业会一直存在并且一直在发展，只是百货、购物中心（shopping mall）、超市、便利店、电商这些不同的“行当”在行业里的地位和贡献发生了变化。但如果看准趋势进行“行当”之间的变革或并购，谁都可能有所作为，shopping mall 这个业态不就是从百货演变而来的吗？

作为职场人，你需要理解的有两件事：

（1）你身处的行业，客户需求发生了什么样的改变，对行业内的不同行当有什么影响？

（2）你所在的行当，在行业里是什么地位？它所面对的政策环境、市场环境和竞争环境分别是什么现状？

职场人最担心的就是全行业的崩溃。所谓“覆巢之下，焉有完卵”，大厦将倾，独木难支，空有一身的技能积累，一旦全行业完了，自己也就完了。

这好比在古代，青铜匠绝大多数时间都在打造兵刃，偶尔也制造一些鼎之类的器皿。后来铁器出现了，合金技术出现了，青铜匠的大多数业务就都没有了，于是呜呼哀哉但是认为非我之过。但是，铁器和合金技术的出现是一夜之间的事吗？作为青铜匠，你就从来没有关心了解过身边的变化吗？你有没有做出过应对的改变？再说，即便仍然是青铜匠，你依然有为皇室等顶级客户服务的机会，但你的技术有没有达到业内的最高级别呢？

我们见证过两次和互联网相关的大崩溃，最近的什么币圈崩盘都不消说了。

互联网行业的第一次崩盘是21世纪初的互联网大泡沫，几年间所有的资本蜂拥而入，身边所有和互联网沾边的人都成了职场的优秀青年，大家都以成为某家“.com”公司的员工为荣。有做门户网站的，有做电商的，还有做各类应用的，但等泡沫过去后，一下子十室九空。造成泡沫现象的根本原因是什么？行当跑得太快了，都没搞清楚客户需求是什么就盲目发展，所以根本谈不上形成行业，也就不可能长久立足。很多人以为客户会需要这个，结果发现这是伪需求，很多人根本没想明白自己做的事有什么意义，只是想着先做了再说，这样的创业要是能成功真是天理不容。

但我要问大家两个问题：

第一，现在的互联网巨头是不是大多数都是从那拨互联网泡沫里孕育出来的？是。所以你以为的崩溃，其中也可能孕育着难得的新机遇。

第二，和互联网相关的从业人员，是当时的人数多，还是现在的人数多？现在。所以你以为的崩溃只是淘汰了一些公司、一些人，随着时间的推移，职场的需求没有消失，反而在增长！

如果你的能力层次在当时足够留在某个幸存的企业甚至未来成为巨头的公司里，现在的你会是什么样？如果你一直没有改变自己的职业规划，继续加深专业造诣或者掌握了跨界技能，在五年后你会有更大的概率加入到一批新的独角兽企业，现在的你是什么样？

后来还发生过一些私募 Pre-IPO 基金和各种 O2O 的垮台，但就整体而言这些还算不上是行业大事。我所说的第二次所谓行业崩溃，就是互联网金融热潮的消退。

2013—2014 年是互联网金融爆火的时代，曾经被称作“互金行业”，有万亿级别的市场规模，有百万级别的从业人员，还涉及千万级别的中小微企业和贷款个人。互联网金融的兴起是有“客户需求”做支撑的，一方面是很多小企业、个体户和中低收入人群有使用信用资金的需求，另一方面是大量理财人群觉得银行利率太低而股市又太凶险，所以两方面的需求一拍即合。加上大数法则、互联网大数据的应用，互联网金融在现有金融管理规则中找到了生存的灰色地带，当时连管理层都认为这是一个很好的创新。

2012 年，我基于投资经理的角度也很看好这个领域，然后介入了管理。很快无数企业成就了发展的神话。

但是我们所有人都低估了在缺乏监管的市场上，劣币驱逐良币的力量。随着大量骗子公司和无良老板的介入，原本试图推动金融变革的好企业的经营也慢慢变了味道，大批低素质、捞快钱的不良员工的行为冲击好员工的速度也非常之快。随着庞氏骗局类平台的曝光，监管政策随即出台，但出乎意料的是，监管的态度几乎完全打消了寻求小微金融改革尝试的念头。

当我看到各类金融牌照奇货可居的时候，我已经没有了参与寻求这个用户需求解决之道的想法，而且我预测会有大量还算基本合规的企业也将面临困境甚至是终结。当时我写了一句“互金已死”，彻底结束了把我自己放进这个潮流中的“投资”。

我完全理解控制金融整体风险的大局要求，所以对于曾经的互联网金融领域或者说这个“行当”的变化，我也觉得符合大时代、大环境的趋势。但我也相信曾经在这个领域工作过的职场人，那些研究过用户行为的、研究过大数据标签分析的、管理过支付账务的，所有的人都会在未来的某个时刻重新找到自己的位置。因为，当时的“用户需求”至今还在！

小微企业和中低收入人群仍然有极大的融资需求，老百姓也仍然有很大的理财需求。未来也许不是曾经的 P2P 方式，而可能是银行或其他金融机构用其他的方式来满足这部分用户需求，而他们所掌握的技能就是针对这些用户需求应运而生的。

其实很多人已经在那些细分领域的金融科技公司找到了岗位。而唯有曾经的销售、地推人员落差比较大，有些背着企业的污名难以找到工作，也有些虽然能找到其他工作，但是与处于风口中的企业相比，收入相差很多。

这一切是合理的，因为和从业人员相比，难道那些不幸踩雷的理财客户不是损失更加惨重吗？我当时就和销售和业务管理部门的员工一直讲，要学金融、要学团队管理，和手头的收入相比，更重要的永远是能赖以谋生的技能。

以上所述，对很多人来说，是过去碰到过的、冷到几乎熬不过去的冬天。

但是绝大多数的人都熬过来了，有许多人还过得更好了！

对我定义的行业而言，没有冬天。因为用户需求永远存在。冬天是对于那些没有找到解决办法或办法已经过时的人而言的。所以，会面临冬天的，是行当，是企业，但既不是行业，也不是职业！

如果你的寒冷感特别强烈，只有两种可能：第一种是你所在的行当和企业走歪了，第二种是你把自己职业的路走窄了、走偏了。

接下来我会分别说，怎么评估你身处的行当、你所在的企业及你的职业。

评估你的行当

很多企业都有一个岗位叫“舆情监控”，在以前的国企中叫政策研究室。广义来说，这个岗位首先要研究国家的法律法规和政策，尤其是政策导向，不能让企业跑偏，因为如果没跟紧形势，很多事情做得越多反而越不好。然后要研究企业外部的动态，尤其是竞争对手和行业上下游的动态。这些要提供给企业管理者做参考，进行决策。

但是以前的国企不太考虑市场，他们认为用户的想法不是太重要，这是因为之前用户都是上级计划安排好的，不用自己考虑；等到了市场经济时代，这也是很多国企一下子垮下来的原因，尤其是对于那些面对终端消费者的国企。

现在企业的舆情监控岗位，就包括了政策研究、竞争环境和市场态势三大方面。

我在本书的前言里就说过，每个职场人都要学会把自己当成企业去经营；那么在这个企业中你是唯一的甲方！你这个供应商就靠这一个客户生活，难道你不应该好好判断一下客户面对的都是什么状况吗？如果客户看错了市场，或者忽视了竞争，你要不要提醒他？不提醒你很可能就收不到款。要是客户做的事情违背了政策或者法规，你除了快点跑掉还能怎样？

这些事情不重要吗？

有人说，我也知道重要啊，但是我不懂，我也一点都不知道这个行当的事情。那只能说明你是个最初级的原料或者最边缘服务的供应商，所以甲方的事情和你一点关系都没有。反过来讲，也真的就是甲方赏了你一口饭吃，如果甲方要换其他供应商，也是分分钟的事情。

所以你要和你的企业、你的甲方站到一起去，才是真正职业人士的风范。

先看政策。政策不是看那些字面上的说法，官方政策对任何符合法律法规的行当都是“积极鼓励、大力扶持”的。就算对电厂、钢厂和煤矿也从来都没有反对过，但是当环保风暴到来，该关的关、该停的停，原来的很多标准和对策都可能会失效。

所以任何一个政策导向的变动，对于合规性高的企业，可能都是一个争夺市场、并购弱小的机会；对于合规性差的企业，就是一个调整生产经营格局、筹措资金求得生存的挑战。而那些鼓励性的扶持政策，对有的企业来说是重大的利好机会，对竞争性的企业来说就是不利因素，而对周边的相关企业来说就是选择发展方向的课题。

政策对你的企业有什么影响，职场人就需要考虑相应的对策。

2018年对影视行业的税收检查造成的影响很大。原来一些已成惯例的做法，可认为符合地方园区的一些优惠政策，很多人以为自己只是避税，没想到现在也需要补税。于是不仅是明星、名人，很多不算大腕儿的导演和演员也都人人自危，投资方有撤资的，也有暂停项目的。且不论应该如何处理为好，也不去猜事情的最终结果会怎样，如果你是一名影视行业的职场人，你只要明白两件事：

（1）影视行业的天价时代也许过去了，未来可能没有那么多大腕占住所有的资源，剧组拒绝高成本对新人的未来可能是个机会；

（2）影视这个行当不会消失，观众的审美只会提高不会降低，所以无论未来有什么样的组织形式和人员构成，影视制作总要继续下去，而你的职业能力决定了你在这段时间以后处于怎样的职场地位。

我见过很多影视行业从业者因为没太多活儿就匆忙转型的，有公司职工改写网络小说的，也有编剧去企业做文案的，还听说各种演员转行做兼职。我只想劝一句：别耽误正经修炼就好，别到时候回不来了。而另外几位朋友干脆先歇业一阵，把以前老忙着拍戏没时间学又一直很想学的东西学起来，还有就是索性集中在一起好好磨一下剧本。我对熬过这一段日子的影视人充满期待。

在改革开放早期，有人曾采访一个先富起来的人，问他的经验是什么。他嘿嘿一笑，说看《人民日报》。现在已经不是当年了，但是政策导向对于很多行当还是有着极其重要的影响。因为资本也在看政策、行当里的大佬也在看政策，当他们整理完了对策，就基本决定了这个行当的态势。作为职场人，能看懂几分且不说，多少要有点感觉和应对的准备。

再举一个很小的例子，国家对新能源车和光伏产业密集出台优惠政策的时候，有一个会务公司的销售顾问默默地把那些企业放到了自己的征集客户名单里。而他的同伴连这些产业对应着哪些公司都没有搞清楚。最终前者的销售业绩一直领先，这难道是运气吗？

而假设你是影视公司的一名职员，2018 年 6 月初发生的阴阳合同事件，要是到了 11 月份公司表示受资本影响难以为继，很多项目中止，让你回家休息，你却表示全然懵懂、无法置信，而你的同事们早都已经该学习的学习，该转型的转型了。你说这能怪谁呢？这几个月的时间里，你一点都不关心外面的世界吗？

第二件事，要看竞争环境。除了政策面，会对企业带来直接影响的就是竞争对手，有时候，还会有外来的搅局者推翻一切，留下一句“你死了，但我不是故意的”。

你所在企业的同行们都有什么新的举措、新的产品、新的模式？有没有那些不小心“闯入”的家伙影响到了你们的业务？就像多家出租车公司正互相竞争，突然来了优步，让所有同行都傻眼。还有，你的同行有没有服务到其他行业？不要忘记哦，我定义的行业是以客户需求为导向的，不是你们这个行当。如果你的同行主要业务来源已经不是和你竞争的那一部分，那你要想一想，是那个业务利润率更高、前景更广阔，还是应该趁势扩大现有的业务？

这一类信息，很大程度上是应该由你的老板去想的。但是作为职场人，你应该比老板更清楚一线的情况，所以你对业务的判断和建议是很必要的，这也是你职场表现和晋升的机会之一。当然，建议不能乱提，政策影响是大家都可以通过媒体网站去了解和思考的，而竞争态势是你要从一线去获取信息的。与分布在其他竞争企业的前同事或朋友多见面，与那些和各家竞争企业都有联系的金融机构、中介机构的人多交朋友，这不是要你做商业间谍，但从交谈中你可以获取很多消息。

我以前的健身教练，是个非常聪明和喜欢交朋友的人，平时和转去其他健身房的教练们一直有联系。教练们都觉得现在健身房收取教练们的课时费提成太高，他听说有很多健身教练在外面私下租了住宅楼，合资买了一些健身器材，开始背着健身房自行做私教。

他的第一反应就是那些健身房的营收肯定要下降，然后仔细算了一下，发现教练们这么干其实也要大半年才能收回成本，而且风险也不小。其实老客户们会接受私教的提议，是因为他们嫌教练课的价格太贵，而新客户则想省下健身房的会员费。

然后他就向自己的健身房老板提了一个建议：老客户的教练课给予多一些优惠，由健身房承担，同时同意健身教练带新会员来健身房上课，新会员可以按次数支付场地费。如果新会员两个月内愿意办卡，不仅给予优惠价，还能把已经支付的场地费抵扣掉，这样新增的会员收入也可以弥补一些给客户的优惠。

健身房老板在权衡很久以后，接受了这个提议。这样一来，他的教练中私自带客户外出训练的人是几个健身房里最少的。教练得到了一定实惠，降低了风险，而健身房也保住了营收。

他对竞争信息的敏锐、思考策略的灵活，更重要的是对公司的忠诚，无不表现出一位优秀员工难能可贵的素质。在新店开张的时候，我听说他升了职，调过去了，因为离得远，我们也很久不联系了，但我相信以他的能力一定会越做越好。

最后一件事就是市场态势了，也就是客户的动态。我一直说，用户需求决定了行业，而行当只是解决方案之一；用户需求的改变完全可能让你这个解决方案失效。

给我们提供外包的软件开发公司的销售经理经常来找我聊

天，因为我是他的客户。我的意见虽然不一定完全正确，但是他和每个客户都聊聊，大家共同的想法就有可能改变他们这个行当。

我跟他聊到公司内部 IT 部门的人员薪资及加班费用很高，他表示对他们公司的业务机会非常有信心，因为很多企业都会出于成本的考虑，把一些不保密的、可模块化的内容交给外包公司；我也聊到我不是太看好 App 的前景，因为宣传和下载的流程和成本都很重，当时腾讯的微信小程序刚刚提出要公开，我说我很有兴趣。

而这个反馈他就很看重。据说他们公司后来调整过人力配备，原来绝大多数人员都在开发 App，后来调整到 1/3 人员继续做原来的开发，1/3 人员逐渐转为企业简易办公自动化程序的开发，另外 1/3 人员着力拓展了一下微信公众号和微信小程序市场。他没跟我说调整后的业绩，不过经常笑嘻嘻地来找我喝茶，并且现在已经是公司的合伙人了。

职场人对政策环境、竞争状况、市场态势的了解和评估，是对自己职场地位和未来发展的预测，而这种预测决定了你的行动选择。如果你是工具型的员工，你没有选择，或者说你也不会主动去寻找选择的机会；但是我希望你是自我经营型的员工，你是企业的供应商，希望企业更好，所以你会提出建议、设法改进。

那些职场信息看起来离你很远，其实就在你的身边，在你的手机网页和微信上，在你平时的饭局和咖啡里。只要你用心，就会发现很多。

给所在企业做个尽职调查

企业就是你的平台，只要你有满身武艺、才华横溢，这里就是能让你绽放光彩的地方。但话说回来，如果平台出了问题，你再有能耐，非但显不出，而且会跟着掉下谷底。三国时代谋士尽出，曹操手下的郭嘉、刘备手下的诸葛亮都算是功成名就的职业经理人，而“袁氏集团公司”的田丰和沮授就死得很难看了。

职业经理人都想评估一下，自己这家企业到底处于什么状态。如果是快速成长股，那自己就全力以赴；如果是稳定有发展，自己可以同进退；如果自己发展得比企业更快，那么无论是在本企业还是跳槽，都可以实现晋升；如果风险很大但又存在机遇，那么需要自己衡量是不是要赌一把；如果全是问题却看不到希望，那么，你还在等什么呢？

怎么评估企业，我有一套完整的方法。因为我是投资经理出身，除了寻常尽职调查的那套办法，在企业访谈、财务审核及现场调查这些方面，我还有些独门秘籍。企业内的职场人不一定用得上所有方法，但是有些要点和窍门我还是可以提供给你参考。

第一招，从你日常工作的角度，去找找对这几件事情的感觉：***成本***、***费用***、***现金流***、***客户反馈***、***竞争优势***。你可能会说，我不是财务，也不是高层管理者，我到哪里去看到这些数据啊？我说的不是数据，也不是事实，我是说找找感觉。

成本。如果是制造型企业，你可以去看看仓库和车间的整洁程度，仓库和车间整洁说明存货进出频繁、管理系统到位；你可以去看生产工人的收入是不是严格按计件来算，还可以去看废料的回收利用有没有做好。如果是服务型企业，你去看服务管理流程是不是够细致，如果服务提供人员都在埋怨流程烦琐，但是还赚着钱不肯离职，那就对了。如果企业有针对最基层员工的合理化建议奖励机制，并且每年还都有几条建议可以节约哪怕几千、几万元钱，都是好消息。因为如果企业还有许多浪费成本的地方的话，早就有更多员工来提建议拿奖金了。这些就是企业成本管理的细节，每一个企业职工都可以看到。

费用。租用 CBD（Central Business District，中央商务区）写字楼的办公室不算浪费，租用郊区、工业园区的办公室也不一定是节约，究竟是浪费还是节约，要看公司的定位和收入水平，要看有多少不合理的费用。例如有些刚拿到风投的企业装

修豪华办公室就可能会有问题，非创意型的企业盲目地搞免费食物饮料也可能有问题。中层干部的接待有没有和业务不相关的，或者大幅度超标的接待被计入了公司的费用，公司有没有很多没事做的中后台人员，公司有没有去做那些你都不知道有什么意义的宣传或者广告……所有这些事，如果公司收入很高、利润很高，就不是大问题；如果公司正处于激烈竞争的态势，你就要小心了。

现金流。看看财务付款时的脸色，如果连薪酬发放都有问题，那现金流一定是困难到极点了。一般情况下报销拖得太久，例如一个月以上，供应商经常来公司催讨很久以前的账，正常的业务进程被一些莫名其妙的理由主动延误，还有你可能会听人说起公司有很大的合同一直被对方欠着不付……这些都是现金流出现危机的表现。

你或许会说，现金流有什么大关系，反正该付的总要付的、该收的应该也收得到。但是在现实中，很多企业不是因为没有业务、没有利润而垮的，只是因为现金流发生了断裂。当你拖延一个供应商的货款的时候，很可能在供应商的圈子里就开始传言你的公司可能要出事，于是很多人会要求款到付货或者干脆不再和你做生意，从而影响你的业务进度，而业务进度一耽误，谣言又会传到甲方圈子里，新的潜在客户就会对你多一分警惕……

我经常在上课时问企业员工，年初的 1000 万元收入到了年末才入账，对公司有什么影响？很多人只是隐隐觉得不太好，能回答上来要计算资金成本的已经是不错的员工了，而我的答案是：这甚至有可能让你的企业垮掉。

客户反馈。如果你有机会接触到客户，一定要听听客户的反馈，那些信息特别重要。客户一直唉声叹气可能会影响你公司的现金流，客户一直说其他供应商的优势可能是为了和你讨价还价。但是当客户说到某个供应商能做到你无法做到的事情时就要格外留心，例如你给不了的价格和你达不到的质量，你需要去确认并了解原委。另外还有一些客户会反映一些无关紧要的小事，如果那些是你公司原来最引以为豪的优势，现在却变成了被投诉项，你就要去看看究竟是哪里出了问题。

企业的运转，牵一发而动全身，很多细小地方发生的问题，很可能反映出整体管理上出现了偏差。当然，如果你连客户反馈都听不到了，除非你们具有绝对垄断优势，不然要么就是客户少了很多，要么就是客户已经懒得说，准备另请高明，那是最令人不安的事情。

竞争优势。竞争优势从哪里观察？

第一招，从客户反应看，从第三方服务机构的态度看，从竞争对手的关注度看。

如果你公司和客户的交往之间相对平等，甚至略占上风，你即便不懂技术、不懂业务，也能看出来你公司的优势地位。

如果第三方服务机构一直眼巴巴地往你公司跑，希望能建立长期合作关系，那么竞争优势显而易见。如果竞争对手一直以你为假想敌，时常派人来拉拉关系、打探情况，那么你可以对自己公司相对的优势地位有点信心。如果竞争对手很久都不关注你的公司了，那你倒是需要好好去问问对方的情况了。这种情况下，不是人家另有高招，就是你的公司已经败了。

第二招，平时公司的会议要用心听。

老板都喜欢开会，顺利时开动员会，不顺利时开业务会，危机时刻开洗脑会。很多职场人在开大会或者参加全员培训的时候，从来不认真听老板和高管的讲话，总觉得公司的大政方针和我没有关系，我做好我的事情就行了。有些职场人认真听了，但是不懂得抓重点。除了和你部门、你的岗位有关的内容，还有两件要紧事：

一是企业当前的状况和上一阶段的对比，二是企业下个阶段的战略及要做怎样的调整。前者和你判断企业趋势有关，后者和你的职业行为及选择有关。

我的朋友A君前年在担任一家互联网金融企业CEO的时候，对于超出预算的成本费用一直很担心，而且他不清楚企业所拥有的资源。他很清楚互联网企业会烧一阵子钱，但是他对于公司有多少钱可以烧并不了解。既然不知道钱能烧到什么时候，怎么来判定工作目标呢？

在一次会议上，他认真地听了老板的讲话。老板表示对公司的业务扩展速度还是满意的，却只字未提费用增长速度高于业务增长的事情。他感觉到老板对于财务的认知和他的期望有很大差异。随后老板提到，下阶段的战略是和渠道放贷机构的合作，对此他感到更加不妥。因为如果平台在资金成本上毫无优势，而在资金使用上又脱离掌控的话，业务会变得没有利润，还白白增加了风险。

但是在随后的交流中，他认识到老板的唯一目的就是快速做大规模，争取下一轮的融资。虽然当时正处在互联网金融的风口，融资不是不可能，但谨慎的他还是提出了辞职，事实证明他的选择是明智的。

第三招，多向你的直接领导汇报工作，多向他请教。

为什么是直接领导？因为没有特别的理由或更亲近的关系，一般你没法和更高层的领导多交流，那也犯了越级报告的职场忌讳。为什么要多汇报、多请教？因为他比你更了解公司，有更多的获取信息的渠道，而在汇报时会提出很多他的看法和意见，那些看法和意见都是根据他对公司的判断而得出的。更何况你是以请教的姿态出现，有时候他兴致来了，没准会多说很多事情。

当然，这要看你的直接领导是怎样的人。我听说过有特别讨厌别人汇报的领导，最好人人都把自己事情做好，不要去烦他。可是只要你的直接领导是愿意和你交流的人，你就不要错过这个机会，不要介意别人的眼光，自己知道自己不是出于拍马屁的动机就好。

我非常感谢我刚踏上工作岗位时的领导，他是我们财务部的经理。我是个力求完美的人，所以接到任何工作任务，在完成后我都会去向他汇报，有时候做到一半担心成果不符合要求，也会去汇报一下。等我做到了他的位置，我才能亲身感受到其实他很忙，但他当时每次都会指出我作为新人在行文措辞、思考的全面性及时机把握上的不足，回想起来我无比感恩。

而他说得顺嘴的时候，时常会把公司的一些战略设想及下阶段的计划说出来，剩下的就需要我自己去观察、去揣摩。这不仅使我的工作能时常踏准公司的节奏，更培养了我最初的企业管理能力和全盘思考意识。再后来，我接了他的班，担任了公司董秘，那年我 26 岁。

有个好的直接领导，是你的福气和运气，不要错过。

如果你不了解你的直接领导，给他一个成为好的直接领导的机会。***怎么给？把这本书送给他，把这一段标上红线***。

当你评估完你所在的企业之后，我相信你已经有了判断。但是在你采取任何行动之前，还有两句话请你记住：

或许有夕阳的行当，但没有夕阳的行业，也不会有注定见不到朝阳的企业。

创立于1881的柯达公司，曾经辉煌一时，却在数码相机的时代潮流中倒下了。最可惜的是，世界上第一台数码相机还是柯达公司在1975年发明的，而且它还早在2001年就收购过一家叫“OFOTO”的照片共享网站，在当时其观念不可谓不新潮。但柯达还是错过了新的机遇，再没有机会挽回。2005年柯达被标准普尔指数定为信用垃圾级别，2010年被移出标准普尔500指数。

互联网时代，是信息爆炸、经济现象日新月异的时代，柯达已经成了商业史上“因循守旧没跟上时代而倒下的巨人”的经典案例。但是你知道吗？2012年年初提出破产保护的柯达公司其实并没有破产。通过专利出售和重组，这家公司在2013年11月又重返了纽交所，并且在2015年第四季度实现了扭亏为盈。虽然市值已经大不如往昔，但是其在隐形墨水、微型3D打印机等技术领域仍占有一席之地。

在任何风口上，都有摔死的猪。

在互联网金融浪潮里，2013年有1000家企业，到2015年达到5000家，而现在只剩下1000家，或许还不到。在共享经济的浪潮里，又有多少家单车、充电宝、雨伞企业关门，留下一地没人管的废品。刚刚过去的虚拟货币的风口看着更像是一个骗局，而现在人工智能是风口，智能硬件是风口，新能源也是风口……

职场人，你要记住：

不要问能从风口得到什么，要问自己能为站上风口做什么；

不要想站到风口飞上天，要想你自己没有风时能飞多高。

给你的职业内容评分

教你一个职场等级自我评分法，评分内容分为三块：深度、广度、速度。

深度。深度是指你距离你的职业最高等级有多远，如果将应届毕业生到职业最高等级之间划分成10个等级，你处在哪一级？这个等级划分和职位无关，只关乎你完成工作的能力。如果你的职业内容不止一项，就分别评定，然后根据不同内容的比重测算权重后求出综合结果。

假设你是一名公司行政部门的员工及总经理助理之一，你的主要工作是整理各类会议纪要并跟催进度、安排总经理的接待和日程、撰写公司网页的新闻稿，各项工作所占的权重比例是60%、30%和10%。

整理会议纪要是个技术活儿，有些重要讨论内容需要提炼和总结成精练的语言，落实会议决定需要精确到人、到时，并明确完成质量要求，最高段位是在会议进程中直接整理记录，在会后立即形成纪要稿件。我在担任董秘后的第二年达到了这个水准，你现在能不能达到6分？跟催进度是个考验情商的工作，你要清楚重点工作及其时间要求和其对公司的意义，这不仅要有情商，还要有反馈的艺术，更要将突发的情况和不应有的延误及时汇报。这要求你对公司的整体战略及计划的分解有相当的认知和敏感度，如果可以做到，你其实已经具备了担任高管的相当一部分素质。这项工作你现在能不能达到5分？整理会议纪要6分，跟催进度5分，平均5.5分，乘以60%的权重，记为3.3分。

安排总经理接待和日程是个细致活儿，及时预订、及时确认、安排接送、落地问候，接待中的各项礼仪包括会议室排位、接待议程和规格、餐饮安排包括酒和点单，如有必要还包括接待场合中适时地提醒茶歇、餐会上得体的气氛把握……这些事情感觉上都不难，但是我在二十几年里所见过的能达到最高段位的，不过寥寥两三人而已。这一项你能不能达到6分？6分乘以30%的权重，记为1.8分。

撰写公司网页新闻稿，如果你文笔出众，这个可能是你的强项。但是你有没有对公司的政策环境、行业环境做过研究，有没有了解过谁会来关注公司网页？你和公司客户、投资人、新闻媒体有没有建立日常的联络沟通机制？如果没有，最多只能打7分了。7分乘以10%的权重，记为0.7分。

可能你还有其他强项，例如你很喜欢和投资人打交道，学习了很多董事会和公司资本运作的知识，你相信自己能在公司引进新的投资时，或在未来的投融资方面能有所贡献，而那也是你的期望，但这些现在一点权重也没有。那么你知道接下来你应该往哪个方向寻找机会并做出调整吗？眼下，你只能在你的职业深度一项上记为：3.3+1.8+0.7=5.8分，勉强达到中等水平。

所有人都可以参照这个方法给自己打个分，记住要客观。

广度。广度就是你的职业外延能力有多强。所有职场人的成就都是在群体中产生的，即使是纯技术人员也要依赖团队的共同努力。那么你的职场作为，和你能在多大程度上与周边人群有效互动、高效沟通密切相关，你的能力广度能不能负荷？

比如：作为销售，你懂不懂你所销售的产品，你知不知道你的技术优势，你有没有将自身的产品和竞争对手所有产品或服务做过对比？还是你只会和客户说："大哥，我们有优惠，你了解一下？"

财务方面，你是不是了解产品的成本构成？

战略方面，你是不是了解公司对这项产品的定位及后续新产品的计划？

对你的下属，你懂不懂得绩效管理、执行力推动？

你和公司相关部门的沟通有没有知识方面的障碍，你在管理自己的团队时有没有感到力不从心？

同样，公司每个职位上的人都应该问问自己，你在和公司内部的上级、下属、同僚及外部的甲方、乙方、第三方的沟通时，是不是都能懂得对方在说什么，对方又能不能理解你所说的？

假设总经理助理王小姐找我做职业规划的咨询，我会问她：你是不是了解公司各部门的职责和权限，有没有看到其中存在多少中间地带？你是不是了解所有人的考核及其利益获得方式？这和你的进度跟进很有关联。你是不是熟悉酒店、票务、订餐、订车等组织对各种意外情况的处置方式？你是不是了解客户的需求和经营状况，还有媒体的工作习惯？我甚至会问：你是不是了解网页的架构、搜索排名的提升办法？据此，现在你想一想，你的广度够打多少分？如果很多事你都是似乎知道一些，有的暂时还没想到，那么就给自己打5分吧。

速度。你回想一下，你从职场新人走到现在用了多少时间？如果两年以内你的深度和广度都达到了6分以上，你的速度可以打8分。速度这个要素决定着你的发展空间。我说过要把自己当成企业来经营，而你最大的投入就是时间。每个人的时间都是有限的，如果你能用更快的速度达成既定目标，未来你就会比一般人更优秀。

所以速度是非常重要的评估项，尽管你现在的评分可能不高，但如果你刚踏入职场不久，提升的速度很快，就不需要担心。但如果你现在已经三十几岁，而深度和广度的评分都只有4~6分，那就有很大问题了。只有从现在开始提升你的速度，你才可能追上其他人的进程。

王小姐达到总经理助理的工作年限是接近4年，速度选项基本算合格，6.5分吧。

这样的话，总经理助理王小姐3项的总评分是：5.8+5+6.5=17.3分，就满分30分来讲，她基本达到了及格线。你觉得她的水平很一般吗？其实并不，在职场上她已经属于中等偏高的水平了。你问下她的老板是不是满意，我相信老板会认为她还是不错的，如果信任度足够的话，评价还会更高一点。如果有机会再让她参与一些企业资本运作的工作，她的职场发展还大有空间。

为什么达到及格线已经算是很过得去了？因为职场上的人群也是符合二八定律的，大多数人只不过是度日而已，无论是情商还是智商都不到及格线，还不愿意提高自己。并不是所有人都有资格给自己做这个评分的，能给自己客观评分的人，都已经属于有前途的少数人了。

评分能够基本达到及格线的人，在寒冬到来时不必慌张，因为你在公司是被需要的那一类人。即便你的公司遇到了不好的状况，以你的能力和素质，并不难得到职位平移的机会。这个测试，其实是要你从自己的深度、广度、速度去衡量一下自己，了解自己在哪一方面加以提高最有效率。就总经理助理来说，想办法打开在企业资本运作方面的职业空间是头等要事，而我相信这并不难实现。其次需要再提一提发展速度，趁着年轻的时候发一发力，让自己站上更高的层次。

最后，你还需要考验一下自己的眼界。你了解你这条路上的高端人才、中高端人才和一般人才都是什么样子吗？就前面举例的总经理助理王小姐而言，她的终极职位是企业的CEO，虽然她未必能做到。很多中高端人才一开始都是大型企业集团的总经理助理，他们能带领一个总裁办公室的团队，会处理更庞杂或多家企业的问题；而一般人才就是她现在的样子。在职业规划中我讲到过，从模仿比自己高一两个层级的职业偶像开始，边模仿边思考，多问几个为什么，等想明白了，行为也成为习惯了，你自然就成了自己当初的偶像，而这时新的偶像又会出现在你面前了。

你还需要留意一件事：你的职业存在“风口机遇”和“竞争替代”吗？

什么是风口机遇？就是你所从事的工作岗位或者这个岗位再加上某些附加能力以后，突然因为某种风口上的业务而需求量大增，例如改革开放初期的外贸和报关，出租车司机，互联网时代的IT架构师，团购、线上支付和外卖领域的地推管理，都曾经在很短的时间里薪资暴增。

对此我想说两句话，第一句：碰见风口机遇不要错过。第二句：如果风口已过，要找到转型方向和新的职业规划目标，至少要做好薪资不涨甚至会下调的健康的心理建设。

我认识一位从事销售的小伙子小曹，在团购火爆的时代没多久就成了某网站的区域销售负责人，手下有五六个下属，吃饭都是喝高档白酒。结果“千团大战”之后小曹销声匿迹，由俭入奢易，由奢入俭难，心态崩了，再也做不了之前的销售工作。听说他一会儿卖理财产品，一会儿卖面膜，后来还卷入过传销，非常可惜。

什么是竞争替代？这不是说一般的职场竞争，而是趋势性的替代。最常见的就是你所从事的职业的要求变了。客户群变成了00后，80后的市场部员工就可能招架不住，会被年轻的90后、95后替代；外贸企业转型内销的时候，销售人员如果不能及时更新策略，会被更了解国内市场的人替代。

还有一种竞争替代更加无法抵御：现在的初级财务人员正在被软件替代，初级律师正在被人工智能替代，翻译甚至同声传译正在被谷歌、讯飞的产品所替代。很多大学据说都在考虑取消纯粹的外语专业。快速发展的互联网+医疗健康正在各省市进行，符合条件的互联网诊疗服务正被纳入医保支付范围。

机器人正在跟人类抢饭碗。首当其冲的是药房的药剂师和看X光片的医生，因为机器人更擅长这两项工作。

面对竞争替代，除了不断更新知识结构，找到自己无法被替代的核心竞争优势以外，别无他途。在未来很长一段时间，我们所有职场人都会面临各种想不到的竞争替代，唯有保持敬畏之心，时时孜孜求进！

第四章

跳槽

关于跳槽这件事

我想有很大一部分读者可能看完目录就直接翻到这一章节先看了，因为在很多人眼里，职场并没有什么好说的，没问题就继续干，有问题就跳槽，怎么跳得好一点才是关键！我劝那些一下子就翻到这一页的朋友，千万要从头看起，尤其是前言，因为那里写着你稀里糊涂就要跳槽的原因。你没看明白前面那么多内容，只想学个跳槽的好招数，那很抱歉，我实在帮不了你。

“跳槽”这个词的出处并不是很高雅。徐珂的《清稗类钞》说道：“原指妓女而言，谓其琵琶别抱也，譬以马之就饮食，移就别槽耳。”原意是指某人换了个主顾，后来代指职场人换工作。我之所以要把这个不是很高雅的出处找出来，是想说，跳槽原本就未必是越跳越好的，只是一种工作转换而已。另外，跳槽也不一定都是主动的，完全有可能是被动的或者不得已而为之。

你可能听到有人在跳槽后得意地吹嘘自己，也可能听到旁人对他跳槽所发出的艳羡之词。但是如果你问起更多的人，他们可能只会低调地小声回你一句“换工作了”。所以不要以为跳槽就必然是主动另谋高就，开启更美好的人生了。

跳槽有三种情形：不得不跳、可跳可不跳和不应该跳。

有人可能会问，为什么没有“应该跳”这个选项？因为在我看来，“应该跳”就是有不得不跳的理由。但现实是有些人连眼下的职位都不能胜任，却妄想跳去一个层级更高、薪酬更高的职位。他们在跳槽之前进行各种自我包装，准备了一套套自己并不理解也并不能实施的说辞去忽悠招聘者。一旦得到职位后，能装就装、能拖就拖、推卸责任、粉饰太平，等到伪装不下去的时候再以这个高薪职位作为跳板，去诓骗下一家公司。为此他们很可能把做不出成绩的罪责统统推给前单位的同事和老板，通过抹黑别人来抬高自己。如果你把这样并不属于你的职位当成机会，觉得应该跳槽，那我们的观念是不合的。我见过很多这样的人，其中也有一些混得风生水起，我看着他们起高楼、宴宾客，但我衷心地希望此刻所筑的高楼不会在未来的某天轰然坍塌，更可怕的是连人品、口碑也一起坍塌掉。

请记住我说过的话：***跳槽可以是你能力所带来的就业保障，也可以是你提升能力后的奖赏，但绝不能是你提升能力的手段***。

跳槽的第一种情形，***不得不跳***。

当你发现你所在的行当和企业面临重大危机，并且以你的判断来看难以平安渡过难关，我同意你是不得不跳槽。因为职场人是有生存压力和发展要求的，逃离沉船无可厚非。但是你要注意，这是“以你的判断”为标准的，而你的判断是不是正确，依赖自身的经验和眼光。就像前文提及的那个外贸企业的销售，他认为企业过不去贸易战加税这个坎儿，或者说至少他认为自己在这里已经没有发展机会了，于是选择了跳槽，而结果证明他是错误的。那么怎样才能具备正确的判断能力呢？基于我前面说到过的评估方法，要对行业、行当、企业、职业进行长期的观察和合理的评估。如此，当有事发生的时候才不会盲目判断。

另外需要补充说明的是，当这个行当或企业的重大危机和你有关，甚至因你而起的时候，跳槽与否需要三思。

我认识几个互联网金融企业的高管，曾经因为政策的原因，他们平台的业务几乎完全中断了，因此有些借款人恶意赖账，而理财客户又纷纷要求兑现。虽然并不是他们造成了这一局面，而且他们也有机会申请离职，但是身为高管，他们觉得既然自己遭遇了此次难关，就有责任帮助各方去解决困难。于是他们拿着很低的工资，每天处理着许多烦琐却显然没有任何利益的事。我认为这就是职场人的品格！假以时日，峰回路转，他们会得到更多的信任和机会。与此相反，有一些负责销售、采购、市场宣传、基建等所谓“油水”比较多的工作的人，却拼命为自己捞好处。结果上行下效，有样学样，公司的风气和文化一塌糊涂。当危机来临时其他公司还有对策，而这种公司则因为彻底溃烂而失去了应对能力。这时，这些人好像完全置身事外，一边批评公司，一边跑得比谁都快。

以上是两个极端。作为职场人，该为公司承担多少只有你自己心里有数，至于做到什么程度，要看你的现实条件，也和你的气度和格局有关。

话虽如此，我并非是呼吁大家不要跳槽，当你发现你的个人职业发展之路已被堵死的时候，我同意你是不得不跳。什么是堵死？比如说，有些外企里的中方员工达到某一层级的时候会碰到所谓的“玻璃天花板”——再也不能晋升了。这种情况下选择另一份薪资更高的工作很正常，选择去民营企业挑战更高职级也很正常。再比如，你和直接老板或者大老板之间产生了无法调和的矛盾，或者是观念分歧，或者是立场对立，而你必须为自己的职业生涯负责，这时选择跳槽很正常。还比如，个人职业能力的发展远远快过企业发展的速度，或者限于企业内部机制，公司实在无法给出符合你发展速度的晋升，这样的跳槽我同样非常理解。另外还有一些基于家庭和个人原因不能再接受长期出差在外等公务要求的，我都能理解。总之，如果你已经做到你的最好，而你的发展之路却不能继续，并且在可见的未来看不到解决的办法，我同意你是不得不跳槽。

往哪里跳？慢慢找。后面我会说到判断跳槽对象的方式。在这里，我要着重指出一件事：***在没有离职以前，在岗一天就做好一天的事，就像你从未打算离职那样***。有些人一旦决定离职，非要用完所有的年假，一天都不能少，手头的工作完全不沾，交接也毫不用心，甚至在公司内四处传播一些不恰当的信息和言论……千万不要这样做，不仅对公司不好，更主要的是对你自己不好。如今这个信息社会，社交圈子高度重合，从你的新老板到你原来的工作圈子或许最多只隔两道弯，很多时候甚至有直接交集，你做过的所有事情都会在你想象不到的地方发酵。所以站好最后一班岗，是你最好的告别演出，也是给职场最好的展示和交代。

跳槽的第二种情形是，***可跳可不跳***。

可跳可不跳对应着一种情况：你觉得新的机会可能会让你比现在发展得更好。

首先，一定是先有机会，才有可跳可不跳的选择。如果是先动念头，那就要归到不得不跳那一类了，因为至少你已经对自己在现有企业的发展感到不满了。

其次，新的机会一定有两条吸引你的理由：一是职位薪资比现在高，并且你相信自己的能力完全能胜任新职位；二是新的工作平台更大，视野更开阔，你相信自己能比现在有更多学习和提高的机会。这两条理由都是成立的。

同时你也有两个成本：一是放弃了现有熟悉的环境、工作方法，放弃了现在的发展道路，虽然它可能不够让人满意，但是确定性相对比较高；二是机会成本。所谓机会成本，就是你做出一个选择的时候，其他那些你放弃的选择，总而言之，这个成本可能是你现在所有的一切，也可能是你能碰到的机会。

你要衡量的就是，吸引你的理由是否足以覆盖你的成本。

在进行客观衡量以前，你先要克服一些主观上的不科学心理因素。

有个成语叫**好奇尚异**，就是说你会对自己不了解的事物、新鲜的事物感兴趣，而且这些事物往往会因为你的想象力而变得美好。就如你所面临的机会，正因为你不了解，所以才会感兴趣，而当你感兴趣之后，由于心理学上的“曝光效应”，你会越来越喜欢。

曝光效应是指你会对自己不断看见的东西变得越来越喜欢，这也是很多烂广告赖以生存的原因之一。因为这是你新的机会，所以你会在短时间内不断浏览它的网页、新闻，就连在路边或媒体上看见，和朋友聊起时都会特别关心。只要没有过多的负面信息，你看得越多就越容易喜欢。

还有一个心理学陷阱叫“恋爱补偿效应”。人们往往会因为对方对自己的喜爱和认可而喜欢、认可对方。内心被需要、被认可的满足感令你在这样的人面前感到安全。当新公司的HR经理和老板表示对你很认可以后，你下意识也会对其产生更多的好感和认可，这很可能会影响你的理性判断。很多人都在入职以后感觉老板并不像面试时那样器重自己，其实这并不是事实。老板当时并没有刻意粉饰，那只是“恋爱补偿效应”的作用。

最后，职场冬天不是跳槽的必然理由。有一句老话，当你觉得有问题正在发生的时候，“树挪死，人挪活”，意思是变则通。但其实未必。有的问题并不致命，有的问题或许解决了反而能带来好机会，所以并不是所有变化都会带来好的结果。

当你排除了这些心理因素，确信自己可以客观衡量比对之后，来看这样8项指标。

（1）行当。新机会所处的行当，可能和你现在的一样，但是对应的行业，也就是客户需求未必相同。无论是什么情况，请参考之前对自身环境的评估方法，对新工作机会的行当再评估一番。

（2）企业。提供新机会的企业，也用那几个标准审视一下，尤其是市场态势和竞争优势，这是你做判断的重要依据。如果你信任的人对该企业有了解，建议去请教一下。但是如果有认识的人在该企业工作，就要慎重考虑要不要联系，因为如果你最后选择了加入，以后或许会有诸多不便的地方。

我以前有位下属小江，他的好朋友达子在他即将跳槽去的那家公司担任主管，小江就专门约达子吃饭，好好问问那家公司的状况。酒过三巡，达子一通吐槽，从管理到业务样样数落过来，结论是：这种大坑你躲远点吧。达子的确是真心直言，但小江本人经过多方权衡以后，觉得这家公司的核心竞争力还是很强的，管理和业务拓展上存在的问题正是现在招聘新的管理人员的原因，这或许是自己职业提升的好机会。小江最终接受了这个新职位，然后事情就变得微妙起来了。他成为另一个部门的副经理，和达子之间常有业务对接，结果每次有事要磨合的时候总觉得不那么顺手，后来知道是达子落下了心病。每次小江、达子还有那些曾被达子数落过的人在一起开会商量事情的时候，达子的内心总是在猜疑，那些人是不是知道自己说过他们坏话。每次达子被其他同事质疑的时候，总是想着小江在其中是不是起了什么作用。最后，两个人不但在职场交流中出现了问题，私人友谊也难以维系。

（3）Boss。新工作的大老板及未来的直接领导，我都称为Boss。接触时留意观其言行，就工作而言，主要是留意其思路的条理性。但如果是类似于刚愎自用还是果敢决断这样的判断，就看你自己的阅历了，这种我实在教不了。至于人品性情，如果见一两次面还不能确认，有机会还是侧面求助一下了解的人比较好。

HR 总监柳女士去见面试自己的新老板，发现对方是小自己七八岁的海归，心里有点打鼓。后来经过一番了解她发现，新老板专业出众，投资能力很强，于是对新公司的业务前景有了点信心。然后交流的时候留意了一下新老板的思考方式，发现一个非常鲜明的特征，就是懂的事情不容置疑，不懂的事情充分放权。这是她喜欢的工作方式。老板的特质和自己做事方式相吻合非常重要，这一点我认同，但还想多建议一件事：就 HR 的工作来说，很容易被业外的人认为自己也懂那些专业性的知识，比如心理学、绩效考核等，这谁都可以理解。所以对于工作的边界，需要在工作的过程中随时地、点滴地去明确和固化。而且年轻人更喜欢直接表达自我，所以有任何想法，直截了当地说出来或许是最好的方式。

（4）下属。如果是基层员工的平调，就忽略这一项。若非如此，在面试的时候可以借着去洗手间的机会去未来的部门走动一下，有管理经验的人可以在座位安排、桌面摆设、表情动作上看出不少东西来。另外可以在面试的过程中，主动询问现有工作的情况。一般如果能有一小时左右的面试交流，多少能了解 Boss 对这个小团队的期望和感到不满的地方。

例如，有的老板会说“这几个员工专业度还是很高的，只要管理得当，会很有战斗力”，你会得出几个结论？第一，老板对现有的管理结果不满，不过究竟是因为管理方式、管理能力的问题还是现有员工不服从管理，这些你并不了解，但可以获悉的是，如果你的强项是管理就会比较对口；第二，老板对专业度满意，至少说明他们在专业方面表现不错，那么为了管好员工，你个人的专业能力是否足够，你有没有自信，需要衡量；第三点你可能会忽略，如果是专业度较高的团队，即便缺乏高技巧的管理，输出结果至少也应该是过得去的水平，但却让老板产生了不满，是不是现有的几位员工之间已经存在一些人际关系上的对立？如何解决这个问题，你有没有预案？

(5)环境。我们多少能从职场的氛围、士气中得到一些信息。你所不能了解的是组织管理和交流的环境，以及工作配合的环境。如果没有侧面渠道可以了解的话，若感觉面试整体相当不错，你可以向面试者提出要求：可否拿一本公司的介绍册或者产品册。然后必须谢绝对方助理去取，坚持自己离开时自行去行政或前台取，注意观察对方与陌生的但是可能会成为同事的你是如何交流的。如果可能，再针对其中某项产品或者业务要求看一下样品，趁势与业务部门的任意一个人简单聊几句。这是能产生一些直接观感的办法，但是要见机行事。

（6）薪酬。问清薪酬的构成，以及对应的考核办法、奖励的兑现方式。数字不代表结果，因为不同的条款和解释会出现完全不同的结果。就职前没问清，就职后可能会很尴尬。

（7）发展。这可能是所有要素中最为重要的。新机会之所以是机会，必须满足的条件是能让你更快地发展，无论是给你新的职位平台，还是更多的学习提升机会。如果仅仅是薪酬和名义上的职位，却没有符合你职业规划的发展机会，有时甚至还会改变你的发展方向，那你要三思而行。那些眼前能看到的令人愉悦的东西，也许会让你失去原本未来可以更愉悦的可能。

（8）不可容忍项。这是最后一条，因人而异。我不知道你不可容忍的是哪些因素，你需要自己判断和比对。举个最简单的例子，你知道世界上所有主动辞职的原因中，占比最大的是什么吗？不是薪资，不是发展，如果我没看到这个结论我根本想不到，占比最大的原因居然是***上下班路太远***。刚去工作时，新的发展机遇令人感到兴奋，看在薪酬职位提升的份上，单程一个半小时、换三四趟地铁也没问题。但是日复一日的小不爽堆积到一定程度就会成为大不爽，而且某些时候这个小不爽不巧碰到工作中的不顺心，还可能会爆发大问题。我看完那篇文章后细想了一下就十分能理解了，所以我后来面试的时候都会多问一句：你用什么交通方式来公司，要花多少时间？你还有其他看起来很小，但其实是你不可容忍的事情吗？

我的一个咨询者孙小姐问我她是不是该跳槽，以及如何选择跳槽公司。

她是财务工作者，和企业所处的行当关联度不大，而且因为就职的公司都是世界500强外资企业，几乎没有行当风险；她现在所处的企业因为决策失误面临很大困境，虽然没有倒闭，但是短时期很难重整旗鼓，而且内部会有调整，结果如何难以预计。这也是她考虑跳槽的主要原因。另外两个她可能会跳槽的企业选项则没有这个问题。现在的直接领导会在内部调整后更换，候选公司的直接领导她也不熟悉，没有可比性，不过外资企业的个人边界比较清楚，刻意对立或者打压的风险相对小一些。同样的道理，只有一两名下属的情况下造成问题的可能性也不大。工作环境也都差不多，而候选公司一定比现在的企业稳定。

主要的问题来了：候选公司一的薪资比较高，但工作内容是会计方面；候选公司二的薪资可能稍低，但会是自己有意向发展的财务管控方面。同时她还担心，自己从事会计工作的时间比较久，而从事财务管控的时间只有三四个月，会不会影响对方的判断？

我在反复询问交谈后，得知她对工作发展方向有坚定的判断，于是我也很坚定地回答她：“你30岁都不到，在选择时职业发展方向一定要优先于薪资，只要能负担得起日常的生活开支。一边是可以看到的每年固定的微小差异，一边是无可限量的几十年的未来，你说该怎么选？”至于工作经验的担忧，我建议她这样应答：“由于参与处理了企业决策失误所带来的财务管控问题，因此我更加认识到这一工作的重要性，而且也看到了多年会计经验在这项工作中所起的关键作用。”然后还要准备一个有事实、有数据的具体例证，这样同时表现了自己处理复杂问题的经历，对工作重要性的深刻认知，还说明了以往会计经验并不算浪费，应该比较有说服力。

咨询后她表示，我对她迎接面试的提点很有用，更重要的是帮她明确了选择的标准，不再犹豫，于是她向我再三致谢。我回答她说：“其实答案早就在你心里了，我只是说出了你内心真实的意愿而已，不然别人再怎么说你也不会听的。”

判断完对方是我想去的公司，职位也是我心心念念的职位，薪酬也完全可以接受，那么我该用什么方法提高自己求职的成功率呢？关于了解对方公司的最新资讯、礼仪服装得体、应答自如、保持语速、说话留有余地之类的常识性内容我不再赘述，在这里我提出一些自己的新见解。

在准备工作阶段，做好知己知彼两件事。

所谓知己，就是要对自己的强项，尤其是新公司特别关注和需要的技能做足准备。准备工作包括但不限于这部分工作能力的培养过程、经历过的事件和考验、当前能解决的问题，这三部分内容还需要清晰的时间、地点和事件发生过程，有完整的故事和数据是最好的。

所谓知彼，不是知道对方网页上的内容、新闻中的报道，也不是招聘启事上的那些职位要求描述，而是你从面试官和老板那里得到的感觉，即对于“需求”的感觉。而对于需求，你要搞清楚“香烟不一定是真实需求，需求的背后可能是寂寞”的道理。

有家互联网企业招聘产品交互设计总监，主要的工作就是在手机应用和网页上找到最符合用户行为偏好的设计方法，实现和用户最好的互动。这个岗位有好几个人来面试，每个人都会讲述自己对产品交互的理解，自己在设计方面的专长，以及曾经做过的案例。其中只有一个人发现了企业招聘的真实需求。作为产品交互设计部门，一头连接着产品设计和用户运营部门，一头连接着 IT 开发和技术实现部门，因为这两个部门的理念有很大差异，所以原先无论将产品交互设计放在产品部还是 IT 部，都出现了交流对接上的沟通障碍和各自立场的碰撞，这就导致产品交互设计两头为难。这位应聘者在面试过程中敏锐地从总经理和两位部门经理的对话中感受到了这个问题，所以他在表述中加入了自己对于双方不同理念的理解，以及过去处理两头意见对立的案例。听完他的表述，三位面试人员顿时眼睛都亮了，几乎当场就已经确定了人选。

做好了知己知彼的准备，接下来就是面试时的表现了。谈到沟通技巧，我有两个建议：第一，多提问、多听，不要滔滔不绝地说，多说在大多数时候不会加分；第二，一次只说一件事，不要展开，不要偏离主题，清晰地表达对这一件事的观点、数据、论据及逻辑关系。

跳槽的第三种情形是，**不应该跳**。

不应该跳的情形，就是你有各种不愉快，碰到各种问题，你相信在其他的地方会让自己过得更好。也就是说，你现在的状况是可以改善的，但因为你对外面世界的了解并不全面，于是忽视了改善的可能，轻信了外面的优越条件，开始考虑通过跳槽换换运势。从本质上讲，这是逃避的本性使然，是求舒适的心理使然。

当你在不应该跳槽的时候跳槽了，一切未必会变得更好，很可能还不如原来，而你却出于“甜柠檬”心理而说服自己接受了。所谓“甜柠檬”心理，是指人倾向于认为自己拥有的东西总是好的。比如你买了一个特别不实用的电器，但买都买了，就会觉得它是好的。这样的选择很容易让自己倒退却还在自欺欺人，于是职业生涯的路就这样往下走了，十分可惜。

有些你觉得无法解决的问题，其实并不是完全解决不了。

小伙子小曹其实还是很喜欢公司的，就是觉得自己的顶头上司实在让人受不了，明明自己水平不行还总是推卸责任，就喜欢通过让下属加班来显示自己多么敬业。坚持了大半年，小曹决定要跳槽，甚至都没怎么看新公司的背景，觉得反正哪里都比这里强。临走前他决定用掉几天年假，调整一下心情，回来就辞职。结果没想到从日本度假回来就听到一个消息：他的顶头上司竟然离职了。小曹顿时庆幸自己还没有递交辞职书。这时觉得公司也还蛮好的，就不想走了。

点评：你受不了，别人也可能受不了。再说，职场经验还不足，适当地向上调整也是有方法的。还有很多诸如工作压力、外部环境等问题，都需要往深一步看，弄清楚是你没有找到解决问题的方法，还是问题真的无法解决。有时突破过去，整个人都能得到提升。

有时你以为企业快不行了，其实却有柳暗花明的因缘。还记得那个因为贸易战而仓促离开外贸公司的销售吗？下面再说个类似的故事。

我曾经是证大集团的投资总监，做过的其中一个成功的投资项目就是喜马拉雅 FM。喜马拉雅的两位联合创始人在 2012 年以前是有过失利的创业经历的，那是一个非常有创意的类似于现在直播的概念，只是有时候天才的想法做早了反而成不了先驱，而是先烈了。2000 多万元投资消耗殆尽，而此时他们提出了“音频微博”的设想。团队里有等不及要离开的，投资方里也有坚决反对的，但我们反复论证，确信音频是下一个最有价值的领域。最后由我操作，证大集团戴总定夺投资，到 2019 年为止仅 7 年时间，喜马拉雅的估值已经超过了 200 亿元，实现了 1000 倍的增长。试想，当时离开而又没有回来的团队成员该多么后悔呢?

以前还有很多“被迫致富”的故事。

改革开放早期，很多国企纷纷分流改制，当时人心惶惶，大多数人都急急忙忙地到处找出路，而有些精明细致的人却能发现机会。有些没人要去的破落公司其实拥有一套先进的设备，只是没人会用也没有开发市场，设备就一直放着落灰，其实只要稍加利用，便能打开一番天地；有的不起眼的三产服务机构拥有好地段的菜场，好好经营就成了农贸大户；还有的公司虽然已经资不抵债了，但是有块看着不起眼的地，一番运作后竟然成了一家房地产公司……那些精明细致的人后来都成了大老板；也有的仍然在国企中，成了有头有脸的职业经理人，而他们在当时都不过是普通职场人而已。

看企业要看得再细一点、远一点，凡是因为冲动而做的决定基本上都不会是好决定。

有时，你以为自己遭遇了瓶颈，在这家公司再也没有发展机会了。但其实，很多时候是时机未到，也有可能是老板在故意试探你、打磨你，经不起考验而贸然跳槽离开的人将损失一次宝贵的机会，对老板来说也很可惜。

在互联网公司的产品部中，产品经理是最核心的一个岗位，一手打造出微信的张小龙说到底就是一位伟大的产品经理。

我认识的一位产品经理郑君，他向老板提出了很有创意的设想，老板批准了他的产品开发项目。但是他发现和自己相关联的用户部门、后台部门等对自己的设想不仅没有多少认可和理解，还不断提出各种问题来挑战自己，而老板又没有提供足够的支持。经过一段时间的磨合，他放弃了项目，提出了离职。但他不知道，那些挑战是一名成熟的产品经理必经的过程。他最初的设想其实并不那么完善，老板给的压力并不是瓶颈，而是让他得以涅槃的淬炼。很久以后他才后悔莫及，他的老板错失了好项目，而更重要的是他自己放弃了人生最重要的一次机会，因为一年多后，他的设想被其他人实现了。

最后，有人把跳槽当成过冬的一个手段，认为往大公司走，往稳定的职位走就能确保安全。我说过，冬天只是对行当和企业而言的，行业没有冬天！如果你的行当对行业来说还有价值，那么你只需要找到更好的方法；如果你的职业对你的企业来说还有价值，那么你就有在本企业继续让自己增值的机会。你需要寻找的，不是跳槽的机会，而是解决问题的思路，并在新的机遇中提升自我。稳定过冬并不意味着工作的安稳，当你准确判断出自己的行当和企业不属于不得不跳的状况时，坚持就是稳定。坚持自己的职业规划，坚持自己的发展方向，稳定心态，渡过难关。

关于降薪和裁员

跳槽是件有风险的事情，可能跳好了，也可能跳坏了。而现在要说的降薪和裁员怎么都不会是好事情。如果你还没有找好的跳槽机会，或者没有能力快速再就业，但在现有企业已经遭遇了降薪和裁员，的确非常窝火。

常见的情况有两种。一种是普通员工及没有什么核心技能和竞争优势的中层及以下员工。当大环境变差或者行当衰退的时候，用人的买方市场本来就在萎缩，在别处也难有就业机会。另一种是高管或者专业技术人才。这两类人，一种是被履历束缚了手脚，不敢自降身价；另一种是应用面狭窄，总之都是对跳槽要求比较高而可能面临被动局面的人。

降薪有好几种情况，我们一一进行分析。

一种情形是大范围降薪。因为经济形势不好而造成今年企业效益大幅度下降，但客户群、基本竞争力还在，也并没有什么明显的经营失误和重大危机。企业中的很多职工都有相当一部分的绩效工资或者说奖金收入，这取决于企业效益，企业效益的下降必然造成今年的实际收入的大幅减少。

面对这种情况，我建议职场人冷静接受，因为这就是系统性风险，此时应该做的是努力寻找能多拿提成和奖励的机会，同时节省开支，考虑兼职机会。切勿冲动，无论是消极怠工还是愤怒离职都不经济。还有些人说别的公司有收入高的岗位，但问题是在整体形势不好的时候，那家公司是不是有特别好的产品或者客户？若非如此，那个岗位不是有更高的指标要求，就是有更高的职业能力要求。如果你具备这些素质的话，在本公司也早有机会升职了。既然你还不具备相应能力，那么那个位置很可能并不是为你而设的。跳槽过去不仅对对方企业不利，还会把自己拖垮。

另一种情形是隐性降薪。看起来你的薪资没减少，但是你的任务指标更重了，工作范围更广了。老板把三四个人的活儿分给两个人干。对此你的判断标准应该是：企业的未来前景如何？如果扛过去这一阵企业还有大发展，你就把现在当成晋升前的试用期和考察期。如果你觉得企业翻身艰难，老板的心思也不在了，那你就要看现在增加的那些工作有没有学习价值，是不是符合你未来的职业规划。如果有就用心干，客观上是为了老板，可是主观上是为了自己的提高。如果全是琐碎杂事，毫无学习价值，那么就凭良心好好干，同时留出时间学习一些新的知识和技能，为以后能转去其他行当或类似职业方向做好准备。

还有种情形是针对性降薪。老板看不上你所在的这个部门、所做的这部分工作，或者是老板对你这个人的评价很低。

针对性降薪的目的，第一是节约这部分工作的成本，当然这是经过评估后的决定，所以你如果想留下就接受降薪，不想留下公司也会按低成本的标准招募新人。如果老板的评估判断属实的话，要么你被动接受，要么只有以减员来保证留存者的薪资标准不变。这是个痛苦的话题，我稍后再说。

如果老板的判断有误，你需要整理出数据和理由去和老板洽谈。注意，必须用事实和数据来说话，不能凭感觉，另外很重要的一点是要给老板一个重新考核的建议。你要记住你不是去说服老板，而是去谈判。谈判就要有得谈，要想达成一部分目的，就要做出一部分退让。此时尤其忌讳吵闹，“你的说法不对”“我们有价值有苦劳”“不能降薪不然如何如何”……这些话一说出口，就断绝了所有沟通的退路。如果我是老板就会想：既然已经这样了，我干脆降低成本再招一批人算了。

有个老板，成立IT部门的主要目的就是开发公司的ERP系统，他不放心外包公司，生怕那些公司留程序后门，会撬走他的客户。等到系统开发完了，公司不再需要七八个IT员工，就向部门经理袁先生建议集体降薪，薪资总额最多只能提供3个人的薪资。其实老板的目的是想留下袁经理和2个核心员工，精简掉其余的员工，如此一来，剩下的3人还能稍微加点薪。这个做法在很多企业非常常见，但是必须声明，我对此完全不认同。

袁经理回去想了一晚上，回来跟老板说，公司基于信息流的ERP建设虽然完成了，但是还需要针对线上销售的系统、老客户使用的手机应用进行持续维护，而这些事情都需要完整的团队才能完成。所以建议公司保留基本薪资和绩效，IT部门也会适当精简人员，而奖金部分通过外部接单来完成，和老板实行分成机制。老板觉得很有道理，便答应了。袁经理回到部门，按照末位淘汰制清退了一名不合格员工，然后把部门变成了一个内部创业团队，在公司有基本薪资保障的前提下，开始做起了外面的软件外包业务，收入不减反增。而老板不仅减少了部分固定开支，还有了一些额外收入，可谓皆大欢喜。

针对性降薪的第二个目的，就是对某个员工评价不高甚至反感，降薪实际是逼人离开。如果已经明确为不可调和的反感，就完全符合“不得不跳”的标准。全力寻找下一份工作，如果有积累可以多一些时间运筹，没有积累就只能找还能接受的机会暂时续上工作。要是你根本找不到下一份还算像样的工作，那么请原谅我端上一杯“毒鸡汤”了：你老板逼你走一点也没有错，因为你没有任何职场竞争力。那么无论你下一步用什么来谋生，如果你对未来还有期许和梦想，请重新回到第一章，给自己确定一个职业规划，然后立即开始学习和积累。哪怕5年后的你没那么厉害，但是必须有随时体面就业的能力。

无论怎样，在没有能力迈出下一步以前，你可以继续留下拿那份降低的薪水，这是你的权利。我个人比较反感用降薪降职的方法赶人走，企业降薪是为了节省成本，如果想要员工走，那就是不再认可员工，我会直接劝员工离职或者辞退他。用降薪的办法赶人其实未必真的会给企业节省成本，有时负面影响更大。

除了大范围降薪、隐性降薪、针对性降薪之外，还有一种是企业组织结构和薪酬体系的调整。被降薪的那些人可能会有被针对的感觉，但其实不是这样的。有可能是某个岗位不再需要那么高水平的人了，也有可能是某个岗位的很多职能已经被调整出去了。总之，当你碰到这样的情况时，对你来说就有了不得不跳槽的理由。因为企业结构和体系的调整是件大事，在可预见的时间里，不太可能再往有利于你的方向变化了。但这个时候你可以利用一下 HR 和老板的恻隐之心，主动表达自己的压力，希望他们能推荐自己去别处，当然也需要给自己这个已经并不那么重要的岗位安排好合适的对接人员。

总体来说，降薪就像是企业面对客户压价，当企业的底线是***考虑生产成本和费用***时，有时即便赔钱也得接。好比工厂的固定成本是厂房机器折旧、工人工资、原材料和辅料，在外部环境太差的时候，客户给的价格只要比固定成本高，也就接单了。不要说净利润，可能连毛利都没有，但接了单好歹能将公司维持下去。所以对于缺乏积累和竞争优势的职场人来说，最重要的是基础收益，所以有时候不得不压制自己的苦闷和不满。

而高级别的人才，就可以考虑一些除了基础收益以外的因素，例如附加价值、学习价值等；最高等级的人才，有机会去判断自己是否能提供增值服务，或者凭借其他优势进行新一轮洽谈。像之前提到的那位 IT 部门的袁经理，几乎具备了独立操盘一家软件服务公司的能力，有谈判技巧，加上方案到位，顺利地实现了借船出海的过程。

比降薪更直接到位的打击就是裁员了。

无论是内因还是外因，企业进入沉船状态的时候，裁员是一件无可奈何的事情。其中会有不称职的员工，也会有能力很强的员工。留到最后的人完全与职业表现无关，只是最适合处理最后资产和人员事宜，以及最有可能跟随老板寻找下一个东山再起的机会的人。这部分人未必是根据能力高低来选择的，因为有的人能力不体现在最后时刻，有的人具备能力却不一定选择等待。

风口状态的裁员一定是为了更符合资本的要求，追求更高的工作效率，而如果你是被裁的那一个，最应该反省的是自己的工作能力和工作效率。基于这两种目的的裁员我都不建议采取任何行动，除非企业违反合同或法律要求，那我支持你争取自己的权利。但是裁员这件事本身并没有问题。

话虽如此，竞争状态下的裁员是有可能裁错人的。

有家企业是提供某种电站耗材的生产和服务的，曾经一度面临新品牌的猛烈竞争。该企业检视了一下财务报表，发现某几个省份的销售额不高，但是成本和服务费用却高得很，拖累了整体的盈利水平。如果单就这几个省份采取一些管理调整之道也就罢了，该企业错误地下达了一刀切的销售、成本、服务的匹配考核，不仅这几个省，除了华东区域以外的省份也被迫进行服务人员的裁撤。

当时，有位被裁撤的中部省份的员工写了一份报告，认为一并裁撤其余省份的服务员工将会使服务的时效和质量难以保证，一定会带来服务满意度的下降。而企业的品牌是全国性的，华东地区之所以能赚取高额的利润，与偏远省份的良好口碑是有关联的。不知道什么原因，这份报告没有被最高层管理者看到。

后来事实果然如此，从偏远地区到中部省份的客户投诉不断增加。随着某位分管领导从西部省份调到华东某省以后，这个品牌的不良名声终于带来了后果，企业在发达省份的销售也出现了下滑。到这时，老板听说了之前有这样一份报告，但悔之晚矣。重新打仗收复失地，重新建立客户关系的花费远远超过当时裁员所节省的成本。

如果你确信裁员有问题，应该将意见上传，并且附上客观的数据和分析。同时，我建议不要由裁员的直接相关部门上递，即本部门或 HR 部门。这不仅可能导致报告被当成普通请愿信而直接被忽略掉，而且领导即便看了也会因为怀疑你的动机而对意见产生片面的理解。你可以通过说服高层信任的某些相关部门来传递意见，在上面这个案例里市场部、战略部就是非常好的渠道。

如果裁员确实有必要，那么将它理解为企业的车已经不再开往你要去的方向，坦然下车就好了。就像一场恋爱，分手的时候有人认为是发现了彼此的不合适而欣然放手，也有人坚持认为自己是被抛弃的而愤懑。其实即便是被抛弃了，不也是一种不适合的表现吗？

我在职场经济学课程中说过，职场是一个由很多人组成的江湖，它只为整体利益最大化而运转，从来不是为其中某个人而存在的。你的职业生涯就是借助一个或几个平台实现自我价值的最大化，在过程中为每一个停留过的平台输出价值，同时获得自我成长。当一个平台不再需要你的价值而你也无法继续成长的时候，也就是你该离开的时候了，而离开的姿态有那么重要吗？

无论何时，我都不赞成传播负能量。负能量是最没有价值的，除了损人，毫不利己。若可以依法依合同，就照章办理；若觉得对方的做法不公平，说明你的理由，若对方不予理会的话，你只有成为一个更有力量的人，才有机会讨回公道！

当然，大多数情况是，当一个人具备强大力量的时候，早就有了更重要的事情去做，哪还有闲暇报复过去。最无趣的事情，就是在公司闹，在同事间传播愤怒，甚至群发邮件或者上网诋毁同事。除了不断让自己变得卑微，断绝自己以后的路之外，着实没有任何用处。如果你认为这是你的最后一份工作，从此将远离职场，那么你随意，请自便。

第五章

留下

管好个人职业周期

在这里补充一个职场经济学里的知识点。经济学上的周期大家应该并不陌生，我前面也提到过，西方的经济学家发现经济社会存在一个规律：无论怎样提高生产力，怎样加强法律和金融环境的配套，最后总是逃不开“繁荣之后的衰退”（当然也总会有“萧条以后的复苏”）。宏观经济有周期，微观领域也有周期且更有现实意义。在企业的生命周期中，产品的周期最为明显，再好的产品也是“花无百日红”。所以懂得周期理论的企业家，都会在前一个产品还热销大卖时就未雨绸缪地进行下一个产品的迭代研发，来保证企业的稳定发展；也会在企业高速发展到一定阶段时，就开始进行内部管理整顿、收拢战线、减少投资，或者在大势或行业周期进入衰退期前留好现金，准备蛰伏过冬。只有经历过完整的宏观和微观经济周期的企业家，才算是商界翘楚。

职场人，除了面对外部的宏观经济周期、行业周期和企业周期，也存在自身的职业发展周期。外部的周期你无能为力，但是自己的职业发展周期完全掌握在自己手中。

什么是个人的职业发展周期？个人的职业发展也有“快速提升、遭遇瓶颈、受阻衰退和重新进步”这样起伏式上升的不同阶段。这同样符合客观规律，其影响因素包括外部的环境周期因素，周围同事以及其他同行的发展速度对自身的冲击，但更多的是内部影响因素，包括你的个人与家庭变化，例如失恋、失亲、结婚、生子，另外有些突发事件也会带来人生态度、心理变动、职场情感等方面的变化。只有真正心无旁骛的职场强者才能基本上看不到周期波动地一路高歌猛进，但是他们放开和摒弃的那些东西你可能真的做不到，所以无须眼红。

为什么管理自己的职业发展周期很重要？从经济学的角度讲，最主要的目的就是避免当外部经济周期进入衰退和萧条的时候，自己的职业发展周期也同时到达低谷，雪上加霜。同样，鲜花着锦、烈火烹油的状况也不是什么好事。***波动周期的叠加效应***很恐怖！

多少人在顶部叠加的时候忘乎所以、行差踏错，又有多少人在底部叠加时心哀若死、崩溃放弃。作为职场人，应该有主动寻求周期管理的意识，让自己的职场生涯相对平稳、渐进地发展。因为职场是一份长期的事业，在三四十年的时间里会遇到许多外部的形势波动，也会碰到许多的甜酸苦辣、沟沟坎坎。

如果频繁地经历大的起伏波动，对职场发展和对个人心理健康和生活品质都是非常不利的。

最简单的例子就是：已婚女职员应该在什么时间段生孩子？大多数人想一想都会说，如果能选择的话，肯定是在公司业务一般，没有什么大发展、大动作的时候最好。有一些人认为应该在公司情况不好的时候生孩子，公司连辞退你都不行。

我可以理解但并不喜欢这种出发点——过于现实，也过于和公司对立。从周期管理的角度看，公司发展平顺期是比较好的生育时机。平顺期是公司高速发展期之后所进入的状态，处于发展周期的相对高峰，而此时若把自己个人周期的底部对冲上去，精力不济和休产假的时候，既没有错过公司快速发展和危机处置这两个最能修炼提升自己的机会，同时又可以相对超脱地整理思路、拓展学习。

所谓“功成身退”，自古以来一直流传的范蠡的故事就是很好的诠释，他在国家形势最好的时候个人选择退出，通过践行自己的另一种职业形式去实现“家国天下”的理想。所谓“闻鸡起舞”，讲的是祖逖和刘琨身处两晋南北朝乱世，却能自我督促、奋发图强，在形势不佳时自己能寻求快速发展的契机。这都是古代历史上调整自我发展周期的例证。

前两年经济普遍下滑，金融产品市场萎缩、收益甚微。许多金融从业人员都选择了转行，或者继续工作，但是采用一种“趴下装死”的工作态度——不主动、不接茬，不管别人死活。而我认识的小L就完全反其道而行之。据我所知，这两三年他去了4家类金融机构工作，有从事供应链管理的、有做融资租赁的、有开发房地产基金产品的，还有做二级市场股票融资的，最后他成了一名高级财富管理顾问，以前是靠卖产品拿提成，现在改做咨询，靠提供财富管理配置方案来拿提成。我问他是怎么想的，他说很简单，市场不好的时候不能死盯着一个产品做，风险比较大。他原本是想换一个产品做，后来发现自己对不同产品的学习能力特别强，干脆就从销售转为咨询，实现了职业转型和重新发展。他还说，市场不好的时候最忌讳怨天尤人、相互安慰。一堆人聚在一起吐槽不仅不能解决任何问题，反而彼此拉扯，每况愈下。只有不断地去找机会，让自己重新往上走，才是抵抗外部低谷的办法。

所以我给大家一个建议：在自己职业高速发展的时候，要有居安思危的意识，积累资金，积累人脉，不要一味地贪快贪多。而处于职业生涯低谷的时候，如果外部环境好，还能给自己放个假；要是外部环境不好，必须快速找到一个适合的起点，让自己摆脱困局。待遇条件不重要，环境都这么糟糕了，能有什么特别好的机会呢？所谓适合，就是气场相配。最有利于你快速发展的地方就是最适合的地方。当然，最好的情况是内外部周期能有意识地“错峰”。

在冬季，怎样能找到机会，跳出个人发展周期的谷底呢？你需要在外部周期春暖花开时就做一些准备工作。动物会在秋天就开始做过冬的各项准备，人类比动物更聪明，有时候会在很久以前就播下一些种子，留下一些储备，也会有意识地习武习艺，提高应对各种不测的能力。

每一位职场人，在春、夏、秋季的时候务必要花时间做两件事：接触新人、新事物，学习新招、新思想。

接触新人，是指接触你之前没机会见到或者没机会深入认识的人，当然必须是有价值的、能给你的职场带来帮助或者让你的能力和思想得到提升的人。他们可以是前辈师长，可以是其他企业或单位的同层级及以上的人，也可以是你认为有潜力的同层级及以下的人。人脉的构建不是在相互有所求、有利益交换的时候，那时的人脉纯粹是出于利益。真正的人脉关系是在没什么利益关联的时候缔结的，是主动的关心和简单的帮忙，却能拉近彼此的联系。这些事情最适合在花好月圆，所有人都心情愉快的时候来做。

我有一句常说的话：“***请人吃饭的时候从来不要人帮事，找人帮事时也从来不用请吃饭***。”将请吃饭和帮忙直接联系在一起，可以说是交际场合最下乘的做派了。

接触新事物，是指留意那些可能对你的职业带来影响或有帮助的事情，以及单纯出自爱好，一直想了解却没时间做的事情。人生中不经意间出于喜欢和好奇所接触的事情，时常在未来给我们带来超乎想象的惊喜。回想一下，你现在最有用的技能，你过去最大的一次成功，你最赖以支持的资源，你最重要的那次转型……有多少是你按部就班、刻意计划的呢？那些最关键的因素，是出于偶然，还是你沿着严密计划执行后的必然？很多人告诉我，回想起来对自己最重要的那些事情，似乎都是必然中带着偶然，如果没有那些出乎意料的因素，那个必然似乎也实现不了。我想告诉你，那些你自己也没想到的事，那些偶然，就是你在不经意间接触的人和事所带来的结果。

我一直对职场上接待过的每一位有成就的人心怀尊敬，如果有机会一定会向他们讨教一番。2004 年时，我接触了一位回国从事电力行业工作的专家级人物 Y 君，出于作为投资经理的好奇心，我问了他不少关于电厂运营管理方面的问题，而恰好对方关心的是有关财务和投资的事情，我也尽我所能给予了他专业的答复。我认为人生中能有一个下午的时间和某个行业的专家进行交流，是一个机缘，所以这次接触完全出自我的习惯，与我当时的工作并无任何关联。大半年后，Y 君邀请我作为某家电厂的投资并购顾问，那笔咨询费成了我投资创业的主要资金来源。你可以认为这是一个偶然，但我认为是必然。因为我秉持这样的理念接触和交流过无数有成就的人，这其中谁会在未来找到我是偶然，但是一定有人会找到我，则是必然的事情。

学习新招、新思想，这一过程必然是在夏、秋季节。处于高速发展期的春天太忙，有太多事情要做，忙着赚钱。等到了冬天，有太多事情要对付，忙着生存。所以夏天和秋天是学习的最好季节。在外部经济环境最好的时候，会有很多同类的新产品、新服务冒出来，因为很多人都是看到别人赚了钱，于是蜂拥而至。其中大多数都是恶性竞争，做薄利润，最后一起完蛋。但是其中也一定会有一些极其富有创造力和想象力的东西得到改进，甚至颠覆整个市场。所以作为职场人，需要学习和了解的除了有哪些竞争者，还有不知道来自哪里的颠覆者。

还要学习的是思维方式。成功者和失败者，聚到一张桌子说会儿话就能分辨出来。两者的思维方式是完全不同的，看待事物的视角也天差地别。职场成功人士会自觉地把职业看成自己的事，就算不为老板，为了自己的“招牌”也要把事情做到极致。而那些怀着“小职员”心态的人，只会计较做多了、给少了，谁谁又在给我找麻烦了。是心态决定了成功，还是成功了以后会改变心态？当然是前者。所以你需要去学习正确的、好的思维方式，而不是听几分钟音频，看两篇鸡汤文就期望能解决问题。你需要花时间跟随成功人士进行思考，还需要花时间强迫自己在日常生活中调整思维方式并养成习惯。

我以前有个下属是销售区域负责人Z君，对我略微有些小崇拜，每次公司内部培训课，他总会想办法安排时间过来听我讲课。那段时间外部经济情况不错，公司发展也比较迅猛，他总会找机会来问我关于管理的问题。比如手下有十几个团队、许多不同的门店，该怎么管理？针对这一问题，按照现在的做法，应是加强KPI考核，不断强化优势部分，调整改进不足的部门，一切以业绩为导向。他会经常找时间去和那些小团队的负责人一起吃饭、喝酒，拉近感情，提出期望，好像所有团队管理者都是这么干的。我说，是啊，没什么问题，你觉得哪里不对呢？他说总觉得好像团队凝聚力不足，总担心有些小团队会被人整个挖走。我说，凝聚力肯定不足啊，你白天抡完KPI的鞭子，晚上就举起酒杯，你自己没有觉得晚上透着虚情假意吗？酒钱都白花了。他说那怎么办，KPI的指标总要分解下去的啊。我说，把小团队管理者从指标中单拎出来，他们的指标和小团队的指标不完全挂钩，让小团队自由发展，同步建立一个个别加整体的分配方案，鼓励小团队之间的相互帮助，这样他们有更多的机会相互接触，你也不用担心哪一个团队被别人挖走了。他担心地说，不考核个人 KPI 能行吗？我说，如果能完成，不考核也能完成；如果为了考核，即便销售指标达到了，收款指标往下走，给你留一堆问题，又有什么好处？只有形成利益共同体，才能一起往前奔。这个是管理理念的问题，因人而异，也不是所有人都能操作得好。他琢磨了很久，也和我交流了好几次，最后开始实践。

结果怎样？他改革了，但也没完全照我说的办。他把我说的意思和原来实行的方案结合到一起，自己制定了一个改良版方案，从效果来看还真是不错。我非常赞赏他，这才是真正学习到了思维方式。

行动起来才有出路

有些人会说，问题是现在已经濒临冬季了，在春、夏、秋季没有积累人脉，也没发掘出一些新的机会，更没好好学习，那么眼下有什么方法可以暂且安稳过冬呢？

如果一个职场人真的外无救兵、内无资本，到了冬天可以采用的招数真的不多。但具备多年职场高管经历的我，还是能支出几招来的。

第一招，埋头做事，跑到倒数第二。

外部情况不佳，公司裁员和内部调整看来无可避免，此时的情况就好比一只凶猛的大熊出现在大家面前，当大家都扭头奔跑的时候，你的目标是争夺冠军吗？原谅我说得直白一些，要是你有这样的职场水平早就被提拔了，或者早就跳槽高就了。所以你的目标是：跑赢最慢的那个，往前追一个，再往前追一个……直到到达安全的位置。

凡是在公司内部要做调整的时候，到处打探消息、传播流言的，全是层级中等偏下的那一群人。真正水平高的人都很淡定，因为对他们来说，不管怎样调整，自己的利益都不会被侵犯，再不济自己也有保证利益的方法和其他选择。所以如果你是末尾的那些人，此时最需要做的，就是你一直以来都没有做好的事情：专注耕种业绩，跑到安全位置。把你的工作做到极致，去弥补资源和方法的缺失，努力寻求每一点突破和成绩。如果你能在一片疾风骤雨中打出一点亮光，哪怕是很小的成就，在危机中也会显得分外夺目。这点小亮光不仅会是你冬天里的护身符，还可能是你开春后的绝佳起点。

第二招，抱大腿，跟随强队闯难关。

你的工作内容不那么重要，你的职位不那么关键，你的成长未必是公司必需的财富，这一切都让你惴惴不安。可是春、夏、秋季时不够努力，到了冬天一时三刻也无从改变，那就只有去“抱大腿”了。你可以找到公司最核心的部门中正在承担最重要工作的团队，或是承载着未来机会的项目组，尝试说服他们与你合作或让你加入。不过这至少需要你有一定的专业水准，还需要你能找到和对方业务的关联度，并且需要你和对方领导者有良好的关系。如果你成功了的话，那么你的工作内容会因为团队而变得重要，职位会因为团队而变得安稳，个人成长也和这个团队联系到了一起。当然你必须付出足够多的时间来加强你的工作能力，适应团队的氛围，不能辜负这个接纳你的团队。这样，你不仅安然过了冬，也为春天的复苏发展做了准备。

有一家数据科技服务公司，原来有好几条业务线，包括电商和银行业务，在互联网金融最红火的时候增设了一个事业部，专门为各个 P2P 平台提供服务，这个事业部的员工一度多达数十人。但是从 2016 年开始，整个互联网金融领域一片哀鸿，不要说新合同，老合同都遭遇大量毁约。公司被迫准备砍掉这条业务线。作为一个对数据科技未来非常有兴趣、有信心，也对公司非常认可的员工，你有什么办法？Z 先生带了两名核心员工去找银行板块的老大，希望能加入他们的团队。他说了两条理由：第一，虽然很多 P2P 平台垮了，但是很多资产并不坏，可以平移到银行板块；第二，虽然 P2P 平台垮了，但是市场需求还在，银行业务可能会扩大，所以，我们对你有价值。谈妥以后，

Z先生和那两名员工加入了银行事业部，而原事业部的其他普通员工却开始了到处投简历的日子。

你也许要质问我：你的同情心呢？可我要告诉你：职场不是为任何一个个人而设的，它是一个整体，在无数情况下会有无数的变化，不是每一次变化都会照顾到每一个人。竞争并不因同情心的存在而消失，它时刻都在。当你代表那些其他员工质问我没有同情心，表示Z先生怎么不管别人死活的时候，我只想问一句：Z先生看到的事，其他员工为什么没有看到？Z先生为什么选择带着这两名核心员工而没有带着其他人，这些员工的差距在哪里？

第三招，塑造个人职业品牌形象。

一个人如果要想在职场走得远，个人职业品牌形象非常重要。因为在漫长的职场道路上，一直跟随着你的只有三样东西：心态和思维、知识和技能、品牌和口碑。在长长的路上你会碰到不同的人、不同的企业、不同的机会，而心态和思维、知识和技能这两样东西在刚接触时别人是不会了解的，他们只是听说。他们听说的是什么？就是你的品牌和口碑。拜信息社会所赐，你的品牌和口碑其实会流传到比你自己能想象到的更远的地方，只是你不一定知道。试想一下，当你到一家心仪的企业应聘的时候，面试你的HR总监说：“你前任的前任的那家公司的HR

经理正好是我同学，他说你的人际关系极差，一直完不成指标还推卸责任给其他人。”这将是件多么可怕的事！

你可能会说，这大冬天的，建立职业品牌形象还来得及吗，有什么用呢？你说对了一半，这件事的确更适合在春暖花开和阳光明媚的时候做，但建立职业品牌形象在冬季依旧有用。

人的职业品牌形象由无数个小标签组成，怎样的人就会有怎样的标签，千万不要“装”。人才没有定式，但是造假和虚伪一定是否决项。有几个标签，我不知道你是否具备，但如果你真的是这样的人，冬季是贴上这些标签最好的机会。至于如何贴，我有以下几点建议：

第一，请主动承担最复杂、最难的工作。既然全面入冬了，最复杂、最难的工作完成得如何，显然不被寄予最高期望，但是主动的态度非常难得。承担下来或者参与进去后，请大胆使用你所有的技能，不管是成熟的还是不成熟的，这都是最好的炼金石。像这样试炼自己的好机会并不多，如果最后工作成绩不理想，至少你锻炼了自己的能力；如果成绩还可以，你会得到一枚“勇于承担、任劳任怨”的标签；如果成绩很不错，那么恭喜你，你会因为一向低调却能力出众而得到“堪当大任”的高评价标签！

第二，可以在自己能够保住 KPI 的情况下，多关心和帮助相关部门及核心人员。对你来说，你的 KPI 除非能跳到 100~120 分，否则是 80 分还是 83 分区别并不大，但在冬季，你要加 3 分也可能会面临内部竞争。但是你对于其他部门，尤其是冰点部门的一点理解、一点友善、一点主动支持，都会加强“情商”和“团队精神”这两枚标签。还是重申一下，千万不要“装”，我不希望你把我的意见当作那些所谓的“办公室兵法”。

第三，可以要求自己完全保持春天时的节奏和夏天时的笑容，依然很有朝气地和同事开会，依然很正常地向老板汇报，而且不妨多汇报。做好该做的事，好像冬天从没有来过一样。如果你的工作质量和业绩也能保持，你会收获“处变不惊、职业性强”的标签；当然要是你的工作结果一塌糊涂，还是少表现为好，不然标签就会是“又傻又二加没脑子”。

不妨想想自己身上还有什么特别的标签和好的标签，如果有，冬天也是个不错的展示时机。到处都在“水落”，你便很容易“石出”。另外，标签所确立的个人品牌也是在冬天得以留下，甚至会令你升职的重要砝码。

第四，这是最普通却最重要的一点。想老板所想，行老板之先。

如果你平时非常注意观察市场和行当的动向，观察企业的几个重要方面的状况，又会认真地听老板在不同场合讲的话，认真地研究公司每一份通知、报告和战略，那么你对于企业当前遭遇冬天的原因的理解应该和老板是差不多的。所以你大概就能了解老板会在哪些方面加强管理、进行改革。

我在职场上最早的引路人——某国企上市公司的财务部高经理，他日常做得最多的事情，一是研究公司各种数据，对照外部各种政策；二是研究公司领导在不同会议上的讲话和要求，甚至一些流转文件上的批示都看得很仔细。我对他说，这些不都只有一两句话嘛。他说，一两个字的差别也能看出态度。另外我也常被他问：今天发生了一件事儿，你怎么看？证监会刚出的那个文件你怎么理解？一开始我给出的最多的答案是“还没看呢”，但后来我也养成了习惯，每天晚上都会翻看信息汇总和财经网页新闻，现在演变成临睡前刷大事要闻和微信朋友圈。他提的问题和他要求我去理解的那些批示、通知、文件，都让我逐渐接触和领会了职场思维和管理的要领。

回到刚开始的话题——如何在毫无前期准备的情况下过冬。我经常看到这样的场景：公司大领导说起某一件事，然后指挥某部门应该如何做。有一个人的回答总是：这个事儿我们注意到了并且理解公司的意见，我们已经做了哪些，还有哪些回去会布置落实。

如果都是这样的职场水平，大家心里早有预判并且做好了应对准备，谁还需要关心企业正处于什么季节，而自己会有什么危险呢？

如果你在冬季里展示出了这样的理解力和执行力，或许就会得到更多的关注。

总的来说，不管什么招数，你既然留下了或者想留下，就不能蒙混度日，必须有所行动。

冬天会冻死的，是那些停下来的人。冷的话，跑一跑就不冷了。

往哪里跑？如果你不能找到完全正确的方向，那么就往肯定不会错的方向跑去。

只要事情不错，做起来总会有好处、有收获，不在眼前，就在未来；不在此地，也会在别处。所有在冬天的付出，都会在春天获得惊喜的回报。

在1997—1998年亚洲金融危机时，中国以引进外资为主要的经济增长点和提振制造业的动力，因此有大量从事市场调研和注册咨询的公司，为外资企业进入中国提供市场资讯、注册、租地及人才雇佣等全方位的服务。从20世纪90年代开始，外资纷纷发现了中国这个新兴市场并且积极进入，这期间中外业务一直不曾间断。而在1998年，所有和外资引进有关的服务业都遭遇了寒冬，日、韩、泰等亚洲国家企业受创尤其严重。加上那是中国自改革开放以来第一次遭遇经济危机，所有人都有点懵，没有人看得清什么是金融危机，也不知道什么时候会有转机。

所有人都在寻找出路。有的从业者选择了加入因为咨询工作而熟悉的外资公司，改变了自己的职业规划，从咨询顾问变成了企业行政、HR 或市场部职员；有的从业者选择转向为内资企业服务，毕竟当时很多本土企业也在逐渐向外企学习，开始采用市场调研等国际企业的经营举措；还有的人选择继续在这个行业坚持，但转向专攻欧美等轻灾区企业；也有的在研究开发老客户的第二次服务；还有很多人在看不清前景的情况下，选择了转行。

当时的从业者大多数都是毕业 4~6 年的年轻人，基本都不具备较高职业地位和精准的职业规划，他们的很多选择都是出于本能和经验性的直觉。但有几件事，凭直觉就知道是不能缺少的。第一是语言优势，当时大多数从事外资咨询行业的都是外语系毕业或者精通外语的大学生，外语技能属于职业竞争的核心优势之一；第二是对不同国家外资企业的国家背景、民族文化及管理优势的理解，这是过去职业生涯的重要积累；第三是继续精研国内市场态势和政策动向，就算没有任何回报也要保持职业素质，而且聪明的人确信，国家一定会想办法改变这样的情况的。而那些办法就在政策当中，一旦形势转暖，自己就大有可为。

1999 年，经济危机过去，伴随着互联网应用的广泛延伸，市场进入了新一轮的繁荣。到21世纪时，我回过头看当时那些熟悉的朋友，凡是坚持做那几件事没有间断的人，几乎都实现了职业生涯的晋升。而那些彻底改变职业轨迹的人之中，只有一个人找对了行当，发展不错。其他的人几乎都停留在1997年的水平，因为他们不是浪费了3年的时间，就是浪费了之前那几年的积累。

很多人在看不清前路或是在遭遇挫折的时候，会长时间沉浸在负面情绪中，日日哀怨，与人吐糟；还有很多人会否定自己，觉得自己命不好，或者走错了路，然后在冲动之下匆忙调整，放弃了很多重要的东西。而最好的解决方式，是冷静回顾过往，把那些最值得珍视的职业经验和积累保存下来，把手头那些正确的事情做下去，坚信它们有朝一日必能带来巨大的价值。

你一定猜不到我在公司配股无望，证券市场“跌跌不休”的日子里在做些什么——和各家券商投行人员见面聊天“务虚”，然后回头恶补对于法规和二级市场技术分析的知识短板。因为之前我的职业发展速度快过了我的知识和能力积累的速度，我的内核是虚的，必须借此机会把它填满。后来我离开了上市公司圈子，也没再担任董事会秘书，这些事情并没有直接显现出某种效果，但是却让我成了投资领域某几个板块的专家级的人才。

不同岗位的过冬准备

高层管理者

高层管理者其实是在冬天里受伤害最严重的一个群体。

因为位高薪资高，当公司有收缩编制意向的时候，清理高层管理者收益最大，而自珍羽毛和个人品牌的这批人会造成的阻碍又最小。事实上，高层管理者的跳槽难度是最大的，如果没什么要求，换个岗位安稳度日并不难，只是职业前途会黯淡许多。如果对企业定位、老板品质、未来战略、技术积累包括薪资标准等都有一定要求，那就相当难找到适配的职位了。

而即便是留守的高层管理者，也增加了几层负担。

第一，卓越的职业经理人都有强烈的使命感和担当意识，在危机发生时往往会承担很多与自己的职责、权利不相关的责任。我见过有的高层主动要求降薪，甚至拿出自己的积蓄来发工资，而他并不是公司的股东。优秀的高管都会去做各种尝试，给自己增加特别多的工作量，这是应该的，但是有时负担会过重。

第二，很多职业经理人都有强烈的人文情怀，毕竟如果没有良好的团队管理能力，大多数高管根本走不到他们的高度。而在危机发生时，他们需要对团队进行更大幅度的清理，有的是理由充分的，也有很多时候会不得已甚至“冤杀”，这项工作带来的心理负担普通职员可能难以理解。

我的好朋友D君在外企担任亚洲区高管，最近的任务是完成亚洲地区的裁员计划，不仅仅是在中国。这里面有他曾经带过的下属，更多的是素不相识的同事。他今天在微信中和我说："我就是那个全公司都在传的坏人，走到新加坡、韩国、日本，不论到哪里都是瘟神。"

虽然是自我调侃，但是能看得出他内心的压力。作为职业经理人，谁不希望所有人都和和气气，一起进步呢？

第三，企业的顶层沟通难度在加剧，和老板之间交流要更加注意方式方法，也更容易出现分歧和冲突，向上管理的难度加剧。

我接受咨询的一家企业，他们的企业高管在会议上很少说话，基本上都是老板一个人滔滔不绝地讲。而我从职能部门听到的反映是"某某副总怎么也不说话了"，说明他之前并不是这样的。我找到这位副总聊了聊天，他诉苦说："老板现在想法越来越多，越变越快，我觉得很焦虑。有的事我今天一讲就被劈头盖脸地训斥一顿，第二天老板又觉得有点道理，后天突然似是而非地决定直接推行。"我说，但你认为正确的事，不说也不对啊。他说，如果觉得正确就立即执行，觉得可能有问题就先在小范围执行，缓慢执行。所有的事情都要等待一个契机，寻找一个能够平心静气、正常交流的场合一起讨论。

很多高管在企业遭遇冬天时，都很关心什么时候召开年度会议。因为对于高管来说，如何执行不是问题，问题在于企业的战略和理念该做什么调整，而这是最需要老板来参与讨论，最终要明确的事情。

针对企业高管们如何过冬，我有3条建议：

（1）大胆地做管理纠偏和调整。

相对于企业高速发展期而言，冬天更适合处理管理问题。在企业的高速发展期，即使发现一些管理不当的问题，也只能稍作控制，不敢大做变革，因为万一影响销售增长和企业发展就是大错；而那些一直在观察和思考的问题，到了企业低谷期正好适合操作。由于业绩原本就有很大问题，所以纠偏调整会带来的影响就相对较小，要是能带来业绩的改善，自然是最好的。

我接受咨询的几家企业，在经济下行期时都在做销售体系的调整，大多数是由老板推动的，只有一家是由财务总监推动的。

这位财务总监借着应收账款不到位所带来的现金流枯竭和企业利润快速下降这两件事，主张推行销售激励体制的改革并争取到了老板的支持。他将销售激励和账款按期回收挂钩，同时推行以销售为主的策略，对公司其他非财务部门进行财务知识培训的工作。现在，这位在危机前一直低调的财务总监成了公司最核心的高管。

（2）大胆运用跨界思维、寻找颠覆式创新。

作为企业高管，最大的优势是经验丰富、能力强，但与此对应的缺点是容易受既往经验的束缚，习惯于以往能力所构建出的舒适圈。当外界的形势发生变化，根据以往经验和能力并没有做错任何事情的高管们需要问自己一句：当老办法看起来没多大用的时候，该怎么办？老板在这个时候肯定在四处交流，在想新办法，高管如果一味等待老板想出办法来，自己只负责执行，这种行为无异于自降层级。层次高的高管会主动去寻找解决方法。

煤炭供应企业的主要客户是大型发电厂。发电厂收到煤炭以后一般会有3个月左右的账期，煤炭供应方如果有融资需求，大多数是拿商业汇票到银行贴现来解决。但是当市场低迷的时候，银行不太愿意接受商业汇票，即便偶尔接受，也需要融资方付出比较高的代价；而发电厂这时候还会拉长账期，因为它们的现金周转也在变差。两头吃紧，煤炭供应企业就吃不消了。如果原本利润就不高，更经不住这样的两头挤压。而发电厂也要应付各种催款，所以年底年初时双方都异常烦扰。

高管赵先生偶然了解到某家大型发电厂有个自有的财务公司，当然财务公司要求的利率回报更高。他将自己在其他场合了解到的金融资产交易和私募基金的信息整合到一起，制订出了一个新的方案：由私募基金组建一个资金池，专项借款给煤炭供应企业用于周转，用发电厂的入库单和商业汇票做担保，利率稍高于银行贴现率一点点。为了保证资金安全，由电厂的财务公司出面做劣后保障部分，其他募集资金处于优先地位。这样保证了其他资金 6%~7% 的回报率以后，由于电厂财务公司这部分资金是劣后级，有杠杆效应，因此可以获得 16%~20% 的回报率。整个方案的本质，是电厂用自己本来就要付的钱做担保，用自己的资金来吸引社会投资，解决整个煤炭供应企业的资金问题、自己的现金流问题，以及自身财务公司资金的回报问题，可谓是一举数得。

问题顺利得到解决，这位大胆主动的高管在老板心中的印象可想而知。

（3）找对人抱团取暖。

在很多商学院，你不仅可以看见很多老板，也能看到很多高管。这些高管读商学院的目的各不相同，有的是去学习的，例如我就是去补充学习职场管理的各种理论，用来充实和完善我的职场教育体系。还有很多人的目的是我们常说的“混圈子”。

但是对后者，我也同样持以非常赞赏的态度，因为作为高管，能在自己身上投资这么一大笔钱去赢取自己未来的圈子和机会，我认为是有远见的。

冬天时，大家都知道要抱团取暖，很多人会根据情感去寻找“抱团”的对象，所以他们会倾向于和那些最能理解自己、最能给予自己慰藉的人抱团。他们认为改变还是要靠自己，解决好心态问题是最有价值的。这种方式因人而异，对于实力强大的人来说这样做没问题，而我要给更多实力没那么强大的高管的建议是，不要一味地寻找情感温暖，而要寻找理性升温的“化合物”和“催化剂”。你最应该去抱团的，是你企业上下游的老板和高管、各类服务型中介机构，还有那些新的创业者。

你所在企业上下游的老板和高管，可能会改变你的供应链和资金流，可能有机会调整出一个对双方都更有利的方案，从而增加你同现在上下游企业合作的谈判砝码，甚至是更换合作伙伴。各类服务型中介机构是信息的汇总中心，他们掌握着最多最全的财务、税务、法律、政策及各种投资和并购信息，说不定其中有一条就会给你的企业带来彻底的转变，而你不出去抱团，信息就不会主动传进来。至于为什么要和创业者抱团，因为他们可能会是颠覆者，会是投资标的机会。现实点说，或许某一位的公司会在将来成为独角兽公司。那么今天的平等相交、抱团取暖，是为了避免之后你想结识对方却已高攀不起。

最近两年，马拉松和戈壁徒步非常流行，很多企业家和高管都参与其中，也包括我。我从两年半前气喘吁吁快走了3公里开始，到2018年全年共完成了10个半程马拉松。我看到有些文章是从中年危机、油腻的自我救赎之类的角度去写马拉松和戈壁徒步的，我想写那些文章的人一定是没有达到这个层级，那些观点不过是受个人认知所限而形成的猜测。我所认识的大多数跑步和徒步爱好者，最大的目的是挑战自己，逼迫自己离开舒适区。而让自己从舒适区出来，是应对企业发展困境和迎接世界变换挑战必需的一步。

而且，跑友、跑团就是一种抱团。每次在起跑线呼朋唤友，到达终点以后拿着奖牌一起小聚，你感觉到的是“此道不孤”的温暖，是那么多人都在一起寻找面对未来的好心态、强意志。至于在感情交融以后所形成的合作，只是主旋律以外的副产品而已，没有人是奔着这个目的去的。

财务管理者

在公司进入冬季的时候，作为财务管理者，可以从两件事入手：一件是企业现金流管理，另一件是业务流程优化。

现金流管理是针对那些和业务不直接相关的现金流。财务并不能通过自己的管理去改变业务结构、业绩和毛利，但是能通过管理去实现应收应付账款的合理化、费用的合理化及筹资融资。

关于应收应付账款的管理问题，我前面提到过的那位财务总监就是看准了公司的主要症结。有很多财务管理者在付款时过于豪爽，没有合理的账期管理，那么在形势变差时就必须调整，在不影响业务进度的前提下加强账期管理。

例如，要是给供应商增加 2%~3% 的合同金额，以此换取多 90 天的付款账期，就相当于给企业争取到了一笔利率为 8%~12% 的短期贷款！应收账款的管理力度更是重中之重，原因我在前文中提过几次，因其事关企业的安全稳定和利润表现，所以绝对不可小觑。费用的合理化所带来的实际效益并不惊人，但是对老板而言这是一种姿态和理念的传导，也让公司上下都紧张起来，共度时艰。财务处理是否得当，其标准并不是越节约越好，有时片面追求节约反而让公司人心涣散、怨声载道。最好的处理办法是能在那些公认不合理的地方严格执行，在会引起反弹的调控部分建立控制与奖励相结合的机制，降低整体的反弹率，然后在企业士气和员工反响可控的范围内实现费用的管理优化。

最后一件大事就是筹融资。大多数筹融资的决策人是老板，但是作为财务管理者，你需要尽可能多地采集筹融资信息，并且掌握与之相关的所有法律法规和操作规范。如果企业进入低谷期，而你作为财务管理者还是只在报表间工作，等待老板指示去接洽处理筹融资事项并且还很不专业，那么我认为你是不合格的。

财务管理者，低层次的要求是做好财务工作，而高层次的要求是注重管理。

这句话我想分享给所有财务人员。我在这里做一下注解。很多财务人不理解为什么我在讲到冬季应该去做的事时，第二件事就是优化业务流程，业务流程优化怎么是财务的事情呢？但你仔细想想，其实很多财务人员碰到的问题都是滞后的。比如成本预算没做好，等到核算时才发现；销售把合同都签完了，业务把项目都操作完了，甚至客服都维护完了才到财务这里，此时不管盈亏，即便有钱未收也已经晚了。这是很多中小企业甚至具有相当规模的企业都存在的问题——财务根本没有进行管控的基础工作条件。在企业发展期，做这件事会有很大难度，因为如果对业务和工艺不了解，财务的贸然介入可能会给企业业绩带来问题，给管理带来纠结，而老板肯定是站在业务端的；而在企业低谷期，因为有具体的案例、事实和数据支撑，老板能清楚地看到之前发展时期遗留下来的不合理情况，更有可能推进流程优化。那位财务总监从应收账款入手，最后实现全业务链条的财务培训和管理优化，这就是高层次财务人的功力。

人力资源管理者

人力资源管理者在企业过冬时的痛苦程度仅次于高管。

企业过冬时做得最多的两件事是：第一件，动了一部分人蛋糕的整体组织结构调整和业务条线切割；第二件，降薪、劝退和裁员。而这两件事的压力都落在HR身上，所以我经常看到很多企业过冬的时候开完管理层会议，什么都还没做，HR经理就先辞职了。因为他预感到了未来一段时间的工作压力和痛苦，觉得自己承受不住。

在讲这两件事之前，我先讲讲我认为对HR来说最重要的一件事：企业文化。

老板会关注企业文化，但是理解力可能只体现在“文化上墙”，而HR的目标不仅是文化上墙，还有制度落地。企业文化建设，不同企业有不同的职能划分，有些把它归于HR，还有些把它归于行政、归于市场，但我认为这应该是HR的责任和工作范畴。企业文化的实现载体，第一位是制度，第二位是考核和奖惩，第三位是培训，而这三件事都是HR的工作。

当外部形势已入冬，有句话叫“钱不够发靠文化”，话糙理不糙。企业平时建立的文化氛围所形成的凝聚力，的确在一定程度上可以对抗经济效益下降所带来的负面影响，但是如果平时企业文化建设不够，那么在冬季我要建议HR做好以下4件事：

（1）企业会有制度和组织结构的大量调整，HR要根据企业未来的战略，并且和企业倡导的文化理念相结合，找到思想工作的逻辑和切入点，效果可大可小，可有可无，但是不可以什么都不做。

（2）老板可能会强化考核、调整奖惩，请协助老板在既往的制度、与员工签订的责任书框架内进行操作，尽量消除或者说减少临时起意的处理方式。对于职员存在明显的差错失误但在既有文件里没有依据的情形，HR 要主动承担与该职员沟通的职责，不要随意把这些责任推卸给老板。

（3）在培训、大会、考核反馈、离职访谈等场合，采用适当的方式侧面对企业的调整、战略、未来的期望进行解释，切忌做官样文章。有人质疑，考核反馈和离职访谈有必要吗？考核结果好的人且不论，考核结果差的人已然在悬崖边了，没什么好沟通的，至于离职的，人都要走了，不更是浪费精力吗？错。对于考核达标或出色的人，沟通是为了让他把能力和精力用到正确的、更加关键的地方；对于考核结果差的人，有可能他的考核不佳正是因为不理解工作重点，而不是能力或态度的问题；如果是能力不行、态度不佳及离职的人，还是要沟通，他们和公司其他人有着无数你并不了解的联系，减少负能量的传递也是有意义的工作。

（4）主动关心调岗、降薪的员工。在 HR 职权范围内对先进员工、核心员工给予更多可能的实质性支持和补偿，至少要有真诚的同理心。现在的人都不傻，是真心实意还是虚情假意都能看得出来，只有真诚才能换来一定的理解和接纳。

以上 4 点是我认为 HR 在企业情况不好的时候应该做的事情，至于你本人的收益和好处，是做了应该做的事情以后随之而来的事情。如果没有得到你期待的结果，你仍然要做应该做的那些事，因为只有那样才会让你成为更高层级的 HR 管理者。有的 HR 管理者会在老板决定缩编时，采用各种方式甚至是不合理的方式一味追求快速减员，并且追求减少赔偿；还有的 HR 管理者在组织结构调整涉及具体人员时，不讲规矩讲人情，利用手中的权限进行不合理、不公平的操作，换取一些有关系、有权力的人对自己的帮助……这些做法在短时期会获得老板青睐，给自己带来好处。然而职场的路一旦走偏，就很难回到正轨。不要太计较一时的得失快慢，而要重视路的偏和正。不要总是看那些一招鲜、兵法诡道，如果你的水平不够，画虎不成反类犬，就算暂时得逞，却从此忽视正道的提升，也是得不偿失的。

最后再提示一下 HR 应该怎样对待那些主动和被动离职的人。首先你要问问自己会不会看人？如果不会，一视同仁，公事公办就好；如果会看人，我建议你维系好和那些你看重的人的关系。最直接的帮助是主动向他提供其他工作机会的信息，不管对方是不是用得上；其次是认真倾听对方离职前的感言，很多人不愿意讲，但是 HR 应该想办法让人开口，并且记录好准备汇报，这些人的意见往往反映了企业存在的问题；最后，不要因为有机会减少赔偿而做得过于苛刻，HR 的确需要从公司的角度考虑成本，但也要掌握分寸，毕竟造就一个仇人并不会给公司带来利益。

销售岗位

销售岗位的职场人，有很多即使到了高层也会在企业内部管理方面有所缺失，他们的长处在于社交能力、团队领导能力、市场开发的敏锐度，以及比其他所有职场岗位更强的战斗力和好胜心。很有趣的一件事是，优势越是鲜明的销售，管理上的缺失也越明显。

对于销售，老板的心理可以用“又爱、又恨、又防”来形容。爱，是因为销售关联着企业的收入来源，怎能不爱；恨，是因为企业要做的事情如果做不好、做不下去，很多时候都是卡在销售环节；防，是因为企业最大的不稳定因素就是销售。

当企业发展遭遇困境，就算是市场原因，销售仍需要有“自己多少有些责任”的自觉。因为即便是市场大环境导致的收益下滑，自己作为一线战斗者，没有及时发现并提出应对建议也是一种不尽责。就算自己的一切在本企业都已不可持续，销售仍需要有“不做不恰当的事”的自觉，不硬撬客户、不随意诋毁老东家是最基本的底线。这两个自觉，是销售无论留守还是跳槽都应保有的职业道德，也是对个人职业品牌的维护。

那么对于留守的销售，有3件事需要体现在你的工作日程中：

（1）开始形成销售工作中的管理意识：一是财务意识，二是组织意识。财务意识，是指要开始学习和了解“成本匹配和资金价值”这两个财务概念，并运用到你的销售工作中去。如果忽略了成本和资金的时间价值，在企业过冬时期很可能你辛苦达成的销售目标非但没有获得老板的认可，反而成为反面典型。如果你觉得这样不公平，那么就请花一点时间去了解一下这方面的知识。而组织意识，是指让自己的销售工作或者销售团队的管理融入公司的整体组织架构的调整。销售在大多数中小企业中是相对独立的、王牌的部门，其他所有部门都是围绕着销售的需求而运转。而在企业过冬时期，企业很可能需要对整体组织和管理流程进行调整，极有可能触动销售部门的管理方式和利益。在产生下意识的情绪和反应之前，请仔细学习了解一下企业的战略、组织、职能架构等方面的知识，然后再想想你该怎样做。

不要让你的销售业绩成为泡沫，也不要让自己成为企业变革的拦路石。现有的一亩三分地不是你的终极目标，也不可能是你一辈子的保障，你的职业规划的目标是更大的市场、更大的团队、更高的能力层级。

（2）发现新的客户，尤其是在产品或服务发生最小变动的情况下可能找到的客户。新的需求很可能是你对新的潜在客户进行游说后的新发现。

在前面的例子中我曾提到，那个数据科技服务公司的Z先生说服了另一个事业部的团队接纳自己，就是因为他找到了自己负责的产品和服务的新客户。类似的思考方向还有：产品升级不容易，但是降维去低一级的市场竞争就有了性能和质量优势，军用或科研用的产品寻找合作渠道进入民用领域就是这样的方向；瞄准原来的小众群体、避开红海竞争也不失为一种好方法，例如有家美容院在面临激烈竞争时转而提供高端男士理容服务，获客渠道也改成了商会活动和商务摄影，不显山不露水地悄悄占领了一个被忽略的市场；还可以从原有的服务中略加延伸，例如有家卖厨房家居用品的商店生意不温不火，为了招徕生意开办了厨艺学习班，后来发现报名火爆，干脆就把厨艺培训变成了主业，同时厨房用品的生意也好了不少。

对消费品和C端服务业来说，机会比较多；而对于制造业和面对B端用户的行当来说，发现新用户的可行性并不高，那么你需要去新地区、新的合作渠道、上一层级和下一层级的用户群及原有客户群的延伸端看看有没有直接服务的机会。顺着这些维度，内部再进行一些头脑风暴，或许会发现新的途径。

在发掘新客户的同时，不应放下原有的销售工作，只是在冬季你需要多花一些时间去做成功机会小，但是成功价值大的事情。这本账很容易算，因为在冬季里，原有的竞争一定比往常更激烈，增加投入的时间精力的边际收益是比较低的。而跳出原有的固化思维，去寻找新的客户，一旦成功，效益可观。即便不成功也不是没有价值的，拓展自己对市场的了解同样很有意义。

（3）和老客户共克时艰。你要相信，当你所在的企业处境艰难的时候，你客户的日子一定也不好过。很简单，你的客户们在大块吃肉的时候，你难道没有分得一杯羹吗？那么，只要你的企业还在，客户的企业还在，未来的合作才是长远的价值所在。既然大家都很艰难，坦白说要在现实经济利益上做出让步都不太可能，所以对于你来说，能与客户共克时艰就是一种服务了。

在能用人力帮助客户的地方多花点力气，例如帮客户多做点培训，多做点维护，在不影响销售工作安排的情况下主动为客户着想；如果有能力的或者有关系的，帮客户解决一些其他问题，也是很大的支持，至少催收账款时对方会给予你优待……这都是销售的老技巧。其实就方法而言，销售们懂得更多，我在这里更多的是在强调心态。在困难时期，心情有时候会低落，会失去进取心，有些该做的事情会不去做或者做得不充分。当自己的未来一片迷茫的时候，有多少人能保持好的心态呢？可是你要清楚一件事：客户是公司的，客户关系是你的。人脉圈子是你未来职场的资本之一。越是处于困境，越是不能只想到自己，困境中的一点关心和帮助，远胜顺境时的无数饭局。

同样的理念也适用于采购岗位，对待你的供应商，尤其是长期供应商、优质供应商，在困境时放下一点甲方的姿态，在不损害自己公司利益（账期还是要管控好）的情况下，得帮人处且帮人，至少态度要好一点。手里有财务和法律保障时，乙方有些融资方式需要配合的话，也不妨宽容一些。

市场人员

从事市场工作的人，无论是线上还是线下，无论是硬广、软广还是公关，如果决定在冬季时留守，那么我想你应该是相信春天会到来的。为了能更好地迎接春天，我有2项建议：

（1）调整你的目标。如果你的老板是决定要在冬季里拼杀出活路的狼性老板，那就以老板的目标为准；如果老板不打算在冬季无谓地流血，而是将更多资源放在重点老客户的维护、重点新客户的公关上，那么你的目标也需要随之调整。我相信所有市场人员接受的训练都是如何让自己的产品和服务能更多地、更精准地被潜在客户群接收并接受。在冬季里，如果目标是为了下一个春天而适当蛰伏的话，“更多”这个定语可以忽略，“更精准”这个定语需要重视。

在如今的互联网时代，相信很多人都知道那个关于流量漏斗的模型，即通过大流量加上精准筛选和打击来提高成功率。当冬季到来的时候，请千万抛弃那些搜索引擎关键词等大漏斗工具，也请放弃那些不明效果的渠道，你需要牢牢抓住的是经过验证的最好的渠道。你还需要做的是让信息更精准地达到那些重要的人，可以放弃数量，集中资源保持住你在客户群头部的活跃度。春天来临时的真理是，八成的人会跟随头部那两成的行动而行动，他们抛弃过去的可能性很大，所以你没必要在冬天为那些摇摆不定的合作者投入太多。还有一个省钱的做法是，向当年号称用一套设计图在全国开几十个楼盘的房产商学习，尽可能少组织新素材、新渠道。记住，你的目标不是让别人爱上你，而只是让别人不要忘记你。

（2）有空闲就去接触比现在客户群小三五岁的那一批人，尤其是从事C端产品和服务的企业职工。从冬天就开始去了解他们的喜好、行为习惯，如果可能的话，就对团队的年龄结构进行适当的调整。从现在开始跟进、建立一些花费不大的线上线下活动，到春天时你就能在未来客户群中抢占先机。大多数周期都不是几个月就能过去的，本书所说的四季也不一定是一年，可能一个“冬天”就有两三年之久。所以周期效应经历了一轮，下一批的主导用户很可能就已经换了一批人，当年的学生群已经成了职场人，当年的职场小白或许已是金领，恋爱人群或许已为人父母，很多产品和服务的消费客户都已经换了新人。在周期的底部，如果不为快速发展期做准备，那么你的个人发展可能就快不起来了。

喜马拉雅FM现有的一大批忠实的用户是当年的大学生，在大学生中推广提供免费服务的音频平台恰逢其时。而现在平台升级，从少数大咖、多数自创变成了品类齐全、大咖云集的内容格局。那批从大学起就养成了收听习惯的学生也已经是步入职场的青年，正好对接上知识付费及对内容求精不求新奇的趋势。用户和平台的共同成长，是平台稳定发展的最好保障。

技术与开发人员

因为不是技术类的领导出身，所以我对于技术和开发领域接触得比较少。但我在互联网企业里接触过大量的技术青年，就以他们为对象来谈一谈。假设技术和开发人员都和他们比较类似的话，就会有3个普遍的问题，可以在冬季加以改善：

（1）技术人员的身体素质普遍偏差。一是工作原因，容易有颈椎腰椎问题；二是兴趣爱好原因，容易缺乏运动；三是时间作息原因，容易有肠胃和血液循环问题。冬季时节，请强迫自己养成健身的习惯。多数企业在过冬时都会减少和降低研发方面的投入，这对技术人员的事业和收入来说都未必是好事。但是如果能养成健身的习惯，对人生来说，至少对长期的职场之路来说，会是一件好事。

（2）技术人员大多爱好单一。知识广博的技术才子也有，但是不多。多数人的业余爱好集中在某一项，在我以前接触过的IT部门里，游戏爱好者就超过了四成。要是能养成学习管理学的爱好，或许钻研技术界的出头之道是非常适宜的。由于技术导向和理性思维的缘故，技术研发部门的管理一般比较刚性和数据化。其好处是效率高，责任清晰，缺点是人性化的配合度、团队的创造性偏低。我见过比较好的IT团队往往是一个技术好、讲公平的老大带着一队执行者，而比较差的团队则是意见产生分歧后完全无法调和，所有人都固执己见，也没有人懂得如何调整流程或者运用其他管理技巧对现状加以改善。所以，有志于成为研发和技术团队的管理者甚至领导者的，可以利用这个时间段在自己纯技术的优势上增加一门管理术。

(3)找领导或找人聊天，包括谈恋爱。技术人员不喜欢沟通，依赖网络，而网络交流存在信息渠道狭窄且信息质量良莠难辨的弊端。我在很多培训课上讲的有关管理、职场、沟通的思路和做法，很多技术人员都觉得很有道理，并且纷纷表示以前从未听过，这都是过于单一的专业培训带来的问题。技术人员可以去找公司高层领导或者老板聊聊天，相信他们会很乐于接受这件事；也可以去和公司外部的朋友交流，随便获取点其他信息都是好的，因为技术人员的智商普遍较高，有些不相干的信息反而会帮助他们找到与众不同的思路；还有就是与潜在恋爱对象多交流，技术人员的恋爱问题似乎一直存在，主要是缺乏社交的机会和时间。很功利地从企业管理角度来说，技术人员一旦开始谈恋爱，智商会变高，情商也会改善，所以管理层也应该支持这件事。

| 第六章 |

职场理财——冬天里的一把火

最后一章，我想聊聊理财。编辑问我，职场书和理财，这两者有什么必然联系吗？我说：有的。我坚持要放理财这一部分内容。

首先，擅于理财的人在遭遇职场变化时，有更强大的应对心态、更充分的应对时间及更易坚持的应对策略，所谓“手中有粮，心中不慌”。在某些核心岗位的用人上，我有时候会稍微偏向一些本地的、家境良好的员工，因为他们更倾向于为了长期的职业规划发展而坚持。

我碰到过为了增加一点薪酬就跳槽的员工，我对他说，那个公司不合适，职位有点高了，你可能还没达到那个标准。他说他知道，但是因为生存的压力，他只能把薪酬作为第一标准。后来他一直在为薪酬跳槽，好像还跳到了某个被立案侦查的骗子平台。现在我已经没有了他的消息，一个聪明能干的小伙子走到这一步，十分可惜。

其次，擅于理财的人会培养出一个目光长远、宠辱不惊的好心态。所有只知道盯着眼前一点儿收益的、赚了就花天酒地、赔了就哭天抢地的，那不叫会理财，只是投机和赌博。一个长远、淡然的心态，在职场上极其难得。只有具备这样心态的人，才有成为管理者的潜质。

最后，会理财的人都有很强的计划性、执行性和自控力。制定合理的理财目标就是计划性，严格按照目标去达成就是执行性，控制自己发横财的贪念和随性消费的欲望就是自控力。这三点在职场上都是一个优秀职场人必备的素质。

所以在本章里我不会讲太多理财的技巧，讲的是理财的理念和素质，正确的理念可以为你的职场生涯保驾护航，良好的素质可以让你的职场生涯流光溢彩。

股市、楼市、汇市

理财有什么诀窍？

首先你要懂点经济学。不懂那些学术理论也没关系，但是至少要懂常识和基本规律；要是连“卖的人多了成交价格就会降下来”这样的道理都不明白的话，你就什么财也别理了。但就是有那么多人喜欢听专家的、听身边所谓高人的意见，跟着大家一哄而上。你什么时候见过所有人一起大发横财的？那样的话，钱从哪里来？所以理财第一要务是自己要懂得一些判断的方法，绝不人云亦云。

理财的第二要务是要有合理的目标。你理财的目标收益率是多少？如果你立刻就回答：“争取每年翻番！”那可能连巴菲特也做不到。那些专业操作二级市场的人，在行情好的年份会给自己制定翻番甚至翻两番的目标，但是在行情不好的时候也会制定 20% 的止损线或者退出休息的机制。每年都能利润翻番，哪怕是每年都能赚 30%~50% 的人，我从没见过。

尤其是本书的读者们都是职场人，应该不会有时间每天看着股票大盘，也不会有时间经常关注房产中介、外汇行情、黄金走势，所以你更应该先设立一个合理的目标。多少是合理？水平高一点的目标可以定位在每年盈利 10%，争取 20%；水平一般的就定位在基本跑过通货膨胀率的 6%，争取达到 10% 以上。为什么说这个目标是合理的？因为人人都有机会能做到。

理财的第三要务是持之以恒，形成习惯。不但是理财的行为要形成习惯，理财的理念和操作的准则也应形成习惯。理财的最大收益是来自于时间的礼物。如果你每个月定投 1000 元并且目标是获得 10% 的收益，20 年后你将拥有 76.6 万元，其中你累计投入的本金只有 24 万元，其他的都是复利所带给你的。同样的事如果你只做两年，投入 2.4 万元本金，你将只能拥有 2.67 万元资产而已。

现在我们来看看投资理财的渠道，然后我将告诉你作为一个职场人应该秉持的理念和原则。

最常见的投资渠道就是股市了。一般股市投资有两种方式：一种是自己操作，另一种是选择基金定投。对于职场人，我建议采用后者。为什么选择基金定投？拉长时间区间来讲，它可以规避掉大多数的系统风险，也可以减少自己的操作和判断风险，同时有利于养成投资习惯，减少一次性投资的经济压力。而且从10年、20年的角度来看，合理配置的定投基金会带来超过一般投资者的回报。

在几千支基金里，我建议抛弃那些回报率极低的货币基金和债券基金，也放弃那些稳定性不足的策略基金和依靠个人的主动管理基金。在股市里没有谁能幸运20年，所以值得选择的是指数型基金。定投的目标不是赚差价，而更像是积累养老金或者子女未来基金。

当然，选择自己操作个股也是可行的，毕竟股票是少有的流动性特别好、机会特别多的投资工具。虽然现在大家都知道股市是"一赚二平七亏"的行情，甚至有人戏谑地称："现在炒股票有几个人能赚钱？不都是姚明进去，潘长江出来吗？"但是我以前在理财课上和大家分享过一个故事：我说我炒股票是有一群高参的，这群高参的选拔标准是炒股都有10年以上的股龄，风格理念大不相同，但都是赔得多、赚得少。我经常和他们保持联系，当什么时候他们中间有 9 个人都说行情来了不能错过时，我就准备抛售股票了。反过来，当他们统统说不能买了，再跌下去没底了时，我就开始买股票。道理很简单，既然股票市场上 80% 的人都赚不到钱，你反过来操作就好了。

职场人投资股市，只要遵守以下法则就可以获得不错的回报:

（1）每个月放一点钱进股市，永远不要一次性拿一大笔钱进入股市赌博。

（2）永远不要碰那些你搞不清楚其业务内容的公司的股票，职场人只适合投资大企业或稳定的企业，因为你没有时间去做行业和企业研究，也没资本在 ST（特别处理）、退市的股票上恶赌。

（3）挑几十个股票每天扫一眼，股价不低于 90 天或者 180 天均线 10% 以上的不买，股价高于 90 天均线 10% 的必抛，找不到这样的股票就不操作。对于一个有 30 支股票的池子来说，这样的机会一年有 3~5 次，这就是你该挣的那份钱。别人抓到了七八个涨停板的黑马，别人从 3000 点做到了 5000 点，那都不是你的命。职场人，不能经常买进卖出，一年最多进行十几次、二十次交易，如果碰上大行情可以适当调整一下这个数字，但是这个基本规矩仍然要有。铭记纪律！纪律是保障你投资收益的最大法宝，记住，你是来理财的，不是来做股神的！

（4）不要在下跌通道里捡便宜，也不要在上升通道里跟风。唯一值得买入的时点就是：长期均线已经确立持平或者向上的时候，某个个股碰到了急跌。没有看到这个，你就等，别瞎买。

（5）永远不要一下子全仓买入。

（6）碰到股票下跌 10% 的时候，如果没有买入的理由就抛掉它，千万不能捂着；而上涨的时候一定要有耐心多持有一会儿。下跌时的果断处理最关键，大多数散户的损失都是因为不肯割肉带来的，告诉你一个最普通的道理：当你的股票跌到 50% 的时候，意味着你要赚 100% 的利润才能回本。所以下跌时及时止损是所有散户的铁律！尤其是职场人，你可以少赚，但绝不能赔死！

这些法则都很简单，难在坚持，难在控制自己的情绪和心态。如果这些你都可以做到，那么每年做有限的几次交易、赚多赔少、总盈利在 10% 以上是不难做到的。

到了冬天，在股市该怎么办？如果你是坚持定期小额投资的话，在冬天里应该继续坚持，还可以在有余力的情况下略微增加些投入。有一个经济学的结论你应该了解：尽管股市在中国并不是经济发展的晴雨表，但是股市是基于对未来的预期，所以大多数时候股市的转暖会早于经济的复苏；而由于股市的财富效应和杠杆作用，股市上涨到高位时也会偏离经济的基本面。所以，和你身边大多数人反着来，的确是一条不错的投资法则。

然后我就要来谈谈楼市了。对于职场人来说，房子其实不是一个投资品，而是一件大型消费品。我们大都不是“富二代”、大老板，没有足够的资金来频繁买进卖出房子，甚至都难以买上两套房子——一套自己住，另一套等升值。所以就理财观念来看，房市价格涨跌和职场人没有太大关系。如果你买了房子，房价再涨你还是要住着，又不能卖掉，房价对你来说不过是数字而已；要是房价一直在跌，你即便攒够了钱，也难以决定什么时候买房，总觉得一买就吃亏了。

职场人考虑楼市问题，主要应思考以下三件事：

第一件事是盘算自己可以承担的首付和月供金额，如果和实际需要相差太远，安心租房过好自己的日常生活就好，或者考虑更换城市，改变工作和生活方式。买房是为了更好地生活，如果买房让职业和生活都变得沉重、变形，是得不偿失的。

第二件事是比较自己的优先级，在住房和生活品质、城市选择、职业规划这些事情上，自己心里要有个先后次序。

第三件事是厘清一个重要的观念：***如果买房对你来说是刚需的话，任何时候都是买入的时机，房子涨跌对你来说只不过是几十年里的一点负担差异而已，几十万元甚至百万元的涨跌你根本就看不到现金出入***。而买房也不要追求一步到位，不要攀比，而应量入为出。

我以前有个下属叫小杜，家里经济条件还可以，找了个女朋友家境也还行，结婚时两家凑了一笔钱来付婚房首付。当时他们如果买一个90平方米左右的房子是比较轻松的，两个人加起来每个月还房贷1.5万元左右，这对他们来说并不困难。但是女方想一次到位，买个140平方米的三房小平层，这几乎达到了他们两人能支付月供的上限。然后他的女朋友拼命加班想保住职位，跟老板保证几年内不要小孩；而小伙子整个人都变了样子，过度节约，不参加任何同事活动，工作上也变得唯唯诺诺，后来我才知道，他们还有一笔三年期的装修贷款要还。

这时公司业务结构出现了调整机会，我觉得他很适合去管理新业务的销售。虽然有一点不确定性，但是他有很大机会可以在职场上更上一层楼。可是跟他一谈，他犹豫了两天还是放弃了，就因为他的薪资结构会变成当月所得的部分减少、年中和年底的提成占多数，而这样他就没法应付按揭还款了。

对此我觉得十分惋惜，一个年轻人不是经常会碰到职业发展上的机会，有时候一个机会决定了你未来很长时期的发展，而因为房子就将自己陷入了没有退路、全身束缚的境地，对人生来说何其不值！如果他们在幸福的小窝里住着，在职业发展的大路上奔跑着，有朝一日两人经过奋斗都成为中高层的话，换个胜景大宅又有什么困难呢？

就现在的楼市来说，房价会不会跌不知道，但是猛烈上涨的可能性不会很大了。所以你更不应该去买那些10年后才用得上的房子，因为你现在为未来多支出的那部分未必有多大的升值空间；所以就买眼前和之后几年要住的那种房子就好，将来要想换房子了，你只要补上增加的那部分差额即可。不要给年轻、低职位的你增添过大的负担。这样在碰到冬天的时候，你也不会过于寒冷，过于惊慌失措。

有些朋友问起我对于外汇的看法。外汇对于职场人来说就更加是一件不重要的事情了。靠投资外汇挣钱是比股市、楼市更难的事情，而且你根本没有这个机制去做。但是作为一种资产配置，如果你要为自己将来出国留学、旅行或者为大病保障而选择持有一点外汇储备，我同样建议你采用长期定投的方式，每隔一段时间换一点外汇，汇率划算时稍微多换点，汇率不划算就少换点或者不换，但要长期坚持。不要去计算你通过换汇赚了多少钱，那只不过是你为了未来的某种消费而做的储备；当你有机会去美国深造，或者去欧洲旅行时，你难道会因为美元和欧元的上涨而放弃旅行的梦想吗?

还有些朋友问我对于银行理财产品和其他理财方式的看法。对于任何理财产品，你都要看到它最终投资到哪里，用专业的词语说就是“基础资产”。你认不认同这个基础资产是会产生回报的？如果你不认同或者不了解，最好不要碰。有人在丝毫不了解区块链和虚拟货币的情况下就跟风炒币，也有人在完全不知道资金投向的时候贸然投资 P2P 平台，结果损失都非常惨痛。如果你认同理财产品对基础资产的判断，并且认同你所选择的这个团队的专业性，能达成你想要的结果，那么你才可以考虑去投资。

但是作为职场人，我会建议你不要过多关注那些会有高额回报的产品。在经济学上有个很基本的原理叫“风险和收益总是对等的”，你往往只看到风险投资高额回报的一面，却忽略了这样的事实：无论哪一位风险投资界的大咖，都有过更多项目失败和血本无归的经历。他们得以成功的原因，一是在于控制失败带来的损失，二是在于提高选到好项目的概率。但是没有一个人可以做到选的都是好项目。这是一件专业的事，而职场人的专业是你的职业，而且你不会有那么多资产去一一试错或者分散投资，所以那不是适合你的理财领域。

没财可理，怎么办？

前面说了那么多理财观念，现在回到我最初的观点：职场人，必须把自己当成一家企业来经营。而前面所说的所有理财投资方式，在一家企业的财务报表上，只是投资收益、财务费用收入和营业外收入，都不是主营业务！最重要的投资都应该投入主营业务中去——投资谁，都不如投资自己。

投资自己，你所付出的是你的时间、经验和能力，以及你以往所获得的回报积累，而你要得到的是更多的收入、更高的估值。关于如何将时间、经验和能力投入职场的事，我之前已经讲过太多；而关于如何使用以往所获得的回报积累，是我接下来要讲的事情。

改善生活，让自己的兴趣和爱好得到满足，让自己保持精神饱满和身体健康，是资产重要的用途之一；投资理财，让这些已经获得的回报不会贬值，还能不断增值，也是一种重要的用途；还有一种可能的用途就是"用掉"。我所说的用掉不是购买奢侈品，不是吃喝上的消费，资产永远不吃亏的用法只有两个：旅行和学习。

任何时候的旅行，都会比你一直说的未来会去的那次更精彩。

任何时候的学习，都是对你自己这家企业最有价值的投资。

尤其是在"冬季"到来的时候，如果你能安排好时间和金钱，旅行和学习是最好的"过冬"方式。前者能改变你的视野和境界，后者能改变你的层级和思维。

在我碰到的上一个冬天里，投资创业项目已被证明并不成功，而经济大环境也在变差。作为一个曾经站在职场高位的人，我要说自己一点失落感也没有，那也不太真实。那时候的我也不知道该从哪里重新起步。

那段时间我的生活并不宽裕，不能像有些文章中说的那样，通过环游世界来变成另一个人。后来我参加了一次在浙西南景宁一个叫炉西峡的地方的户外徒步旅行。旅行者都是由几位资深驴友从网上召集起来的，大概有 30 多人。我们要在峡谷用 3 天时间完成一次穿越，直线距离大约 40 公里。但是前行的路上都不轻松，我们需要在山野间的小路穿行，上山、下山、溯溪，然后再上山、下山、逆溯回来……所以 3 天我们一共走了六七十公里的野山路。

这其中有两件事给了我很大的感触。

徒步团里年龄最大的成员有 50 岁，是另一位团员的妈妈。她全程没有请求任何人的照顾，自己爬上高高的岩石，连坐带滑地狼狈下坡。但是她一直保持着笑容，说话声音也非常响亮。我常听她讲的一句是："这也还好，我当年来的时候条件还要差。"我感受到一个人所经历的苦难会在以后的某个时刻变成财富，变成精神力量，而前提是她必须从苦难中走出来。

团里还有一大群比我小十几岁的年轻人，他们叫我"老头子"，喜欢拿我打趣，也喜欢找我聊天。在行进途中，在夜晚的篝火边，我们聊了很多话题。他们到最后都会非常尊敬地看着我说："老头子，你怎么懂这么多事情！"在他们眼中，不管是时事财经还是社会新闻，我都能说得头头是道。

我突然看到了自己在人群中的价值，我相信无论在什么环境下，我都能把自己的经验和能力释放出来。不说别的，就说能让那么多年轻人懂更多事、做更多事，在职场上就是有价值的。

炉西峡归来，我开始放下心结和身段，以能发挥自身专长、延续职业规划为标准重新寻找职场位置。后面的故事就是重回高管职位、投资独角兽公司和担任 CEO 的历程了。

我很喜欢旅行，去不同的地方看不同的世界。有钱可以去欧洲甚至是非洲，没钱可以去山野。去了欧洲我可以从不一样的视角去看待电商有什么不利于社会发展的缺点，去了非洲我可以明白为什么生产关系和社会心理改造要先于生产力的提升，而去了山野我也可以思考如何改变欠发达城市和地区人民的文化生活和思想方式，那是我们国家未来发展的新动力。旅行不是看景点，而是用心去体会不一样的世界，这样做了，你的眼界和格局就会不一样。

再说一个故事。

第二个故事，发生在我碰到的第二个冬天里。那时我在互联网金融领域做到了最高的职位，但是这个行业有些乱象丛生，监管政策又有待完善，然后我就开始考虑是否应该离开这个行业。我相信自己的管理能力和对企业的深度解读能力，我认为自己的能力未必要在这个领域才能得到发挥，但问题是我之前几年的积累，包括人际关系和知识结构都以这个领域为主，对于未来该何去何从，我也略感迷惘。

那个时候，我选择去中欧国际工商学院读EMBA。很多外面的人都在传：商学院都是扩张人脉、谋取个人利益的地方。而只有亲身在其中学习了两年半，我才有了真实的体会。这段学习经历让我脱胎换骨。从入学第一次的商业竞技比赛开始，所有人都不眠不休、全身心地投入；之后的每节课、每次班级活动、每次游学，同学们的认真程度都令我敬佩。在这样一个求知、上进的集体氛围里，我的迷惘逐渐减轻。而中欧国际工商学院不仅有吴敬琏、许小年这样杰出的经济学家，还有大批优秀的教授。他们每一节课都要讲清楚所有的知识点，还要照顾到不同行业、不同职业背景、不同专业和学历的人，这是一件极其不容易的事情，而大多数教授都完美地做到了。

这段学习经历不仅让我系统地梳理了一遍企业管理方面的知识结构，而且让我学到了各种有效的讲课方法，接触了无数案例（我身边的同学就是成功案例），还带来了一个个现实课题。

到毕业时，我一直以来的讲课分享和咨询服务的想法逐渐清晰，之前是出于爱好，而此时已逐渐成熟，能作为一份职业、一份事业来做。一个从事了那么多年企业管理和企业投资诊断的人，为什么必须成为一家企业的管理者，为什么不能成为多家企业的参谋和千千万万职场人的教练呢？于是就有了这本书和之后陆续会出版的若干本书，还有了音频课，有了企业讲堂和商学院讲堂。

所有的旅行经历都会在你人生中的某个时刻，在你意想不到的地方开出一朵小花，带给你惊喜和感动；所有的学习收获则会在你之后的每一天都开出鲜花，让你言语生趣、行为生色、思想生智，让你更快地靠近你想成为的那个人。

你可以把这一节的内容当成是对职场人的鼓励，它将帮助你的人生走得更远。我不想看到没钱旅行、没钱读书的回复，我预算最紧张的一次旅行是骑车去郊野，两天只花了不到100元，而读完一本改变你思想和行为的书只要花更少的钱。

如果你认为装点你自己的思想和头脑，优先级低于装点你的服饰和肠胃，那么你只能与最平庸的人为伍。平庸也是一种选择，但是你就不要再为不公平、命不好、没前途找借口，因为那是你自己做出的选择。

日常薪资管理

最后我想给职场人一些日常财务管理方面的建议。职业规划很远，愿景很远，但是所有的规划、期望和目标都是要通过每一天、每一周、每个月、每一年的管理和执行才能看到实现的结果。财务自由的目标也很远，但它需要和你的职业规划的目标相匹配，同样也需要每一天的管理才能达成美好的结果。也许你会说，我 10 年后、20 年后是要拿百万年薪的，眼前这三五千元的收入我怎么能放在眼里？当下靠节约，我能省出一套房子吗？

对，靠节约的确没办法发家致富，但是财务管理不等于节约，它是让你的收入变得更有效率的管理方式。你在几千元收入的时候没有养成这种管理思路和习惯，等到拿几万元月薪的时候同样打理不好你的收支。而且管理自己和管理团队、管理企业是相通的，你如果管理不好自己，要成为年薪百万的职场高管也基本上是空想。

关于薪资管理这件事，很多人都发表过观点，说不定你还能查到一些指导手册，也许他们还会提供一些记账本。而站在一个 CEO 的高度，在我见过那么多下属以后，有以下 4 点感想。

第一点是精确管理必要开支。我在闲聊的时候问过很多下属，你们平时省不掉的必要开销大概是多少？从单身男士、单

身女士到已婚人士，几乎没有人能立刻清楚地回答这个问题。如果是高收入的员工我还能理解，从恩格尔系数考虑，你已经不在意那些吃穿住行的基本费用了；但是作为一个普通薪资的年轻职工，我会觉得如果你连自己的财务情况都搞不清楚，我怎么能放心让你管理好哪怕再小的一个项目的核算和进度工作呢？

对于这个问题，只有一个姓秦的下属干脆利落地回答了我：作为一个在上海打拼的外地人，租房是她最大的开销，合租房租为每月每人2300元，水电煤气加上网络费用大约为350元；上下班搭乘地铁每天需10元交通费，按每月22个工作日算就是220元，偶尔打几次出租车大约花费200元；每天平均早餐开支8元、午餐开支15元、晚餐开支30元，这个按30天计算，就是1590元；偶尔聚餐和改善伙食就再加400元；工作强度大，咖啡也是必需品，偶尔在星巴克消费，平时在便利店消费，大约花费400元；其他生活日用品需200元，合计5660元。

这个姑娘的税后收入大约在6500元，这么一算财务状况也是很紧张的。我问她，要是工作绩效下降的话，你的必要生活费用能降低到多少？她低头想了大约10秒钟回答说，在出租车、聚餐和星巴克上的开支是可以降的，但是怎么也不会低于5000元。然后她很狡猾地看着我说：如果公司在偏远城区开营业点，并且给员工解决宿舍问题的话，绩效再降低点也划算啊，因为租房是最大的开支，交通费用也能省下很多。

我觉得她已经具备了做一名主管的基本能力。相比那些用到哪里算哪里，钱多了就挥霍、钱少了就问爸妈讨要或者问朋友借钱的人，她的自我管理意识相当清晰，而且看问题有重点、很灵活。

在必要开支方面，主要的不是节约，是意识。在这方面是省不下来多少钱的，但是要有管理的意识。这样，当公司提出换岗条件的时候你能有所判断，当工作和生活环境发生变化的时候你能做出对的选择。

第二点是降级式的消费升级。最近总是有些很令人沮丧的图片和段子在讲消费降级的话题。的确，很多统计数据都显示出总体消费增长趋势并不乐观，有些人还会发一张这样的照片：在空荡荡的房间里只有一张沙发和一台电视，再配上解说词："你那儿叫简约，我，就是穷。"

但是整体消费的降级，并不意味着所有的消费都在降级；而同样是销售量下降的产品，下降的是总量，未必是利润。比如说洗发水的整体销量下降了，但是其中有一款产品不降反升；销售总量下降了，但是这一款产品的销售额和利润可能都在增长。原因就是这款产品品质更好，香味和触感更舒服，而且每一次的用量都很少，泡沫却很丰富。所以这款产品 80 元的价格可能比其他同样容量的产品贵20元，但是在同样的时间里其他的产品会用掉3瓶，而这款产品只需要用2瓶。产品销售量可能是下降了，但是用户得到了更好的体验及实惠。

所以降级可能是总量下降，升级的可能是品质；最大的浪费是看着不错，价格也不贵，但最终人们越来越不喜欢、用得很少的东西。那么对你来说，应该选择的是消费升级还是降级呢?

我见过的年轻员工里，有的天天都在换行头，但是一眼就能看出品质并不高。小伙子徐君夏天就那么几件T恤、春秋季也是以白衬衫为主，只有几条牛仔裤、西裤而已，但是品质一看就不错。从总的消费金额来讲，小伙子可能花钱未必更多，少而精的策略却让他看起来更有高级职员的气派和风范。

还有一位是部门经理郑君，在大家的手机都已经换成最新型号的时候，他还在用两年前的旧款。开会时有人和他开玩笑说他节约，他说他刚工作的时候父亲就跟他说，男人要买任何东西，都要在可能的条件下买最好的，但是不到损坏或不能继续使用的时候，绝不因为好看或者潮流而更换。

那一刻，我觉得他是个有价值观的人，而每一个拥有自己的价值观的人，都迈出了成熟的第一步。

在经济形势不好的时候，外部的压力会有助于你完成消费观念的转变。

第三点是要有专项的理财资金。如果可能，哪怕每个月只能拿出 1000 元，也要告诉自己要理财。

将理财资金的1/3放在网上银行中存个日日赢或者7天定存，大约能获得接近 3% 的利息水平，这部分是在损失最低的情况下用作备用的流动资金。

将理财资金的另外 1/3 放到股市进行定投，如果资金积累到一定程度并且你也能按照我说的那几个原则去操作的话，也可以自己买卖股票，目标是 10%~20% 的年化收益率。如果你有其他的理财渠道，哪怕是比较另类的也可以，但前提是你要懂，并且要控制风险。比如以前在互联网金融平台上，我经常看到一群专业“薅羊毛”的人到那些新平台去拿优惠收益和各种奖品，回报率高得惊人，但是你需要做各种功课去钻研。

剩下的 1/3 资金，我建议你用它去看世界，去学习。你说每个月只有 300 多元，能看什么世界？能去学什么？你可以去你的目标客户人群经常去的地方去观察他们，你也可以去参观一些“网红”地标，既熟悉了时尚又增加了谈资；要是攒了两三个月的钱，你就可以去你未来可能会拓展业务的城市走一走；如果有出差的机会，也一定要利用晚上或闲暇时间去夜市、江边、广场看看。

看世界的方式还有一种，就是看各种会展——动漫、科技、环境、家居等，让自己和最新的商业及科技资讯接轨。除了看书、听课以外，这也是最有意思、最有价值的学习方式了。

第四点是要为自己的心情愉快买单。

除了吃喝玩乐，你有没有能使自己内心愉悦的、有意义的爱好呢？如果吃吃喝喝能让你变成一个资讯达人，或者是发展成为美食评论家、美食摄影师之类的，那也是有意义的。很多人喜欢摄影，但是摄影也不意味着就要花光积蓄买单反相机。市面上有许多手机摄影培训班，你只需花费几百元就能学习一两个月，从此增加一项技能。有人喜欢看书看剧，有人喜欢打牌下棋，有人喜欢跑步解压。只要你能心情愉快，一定要留下为这件事买单的钱。尤其在冬天，每个人的心理压力都很大，心情也都容易沮丧，有一件能够让自己愉悦的事是十分难得的。

还有一个经济现象叫“口红效应”。国外有研究发现，每当经济不好的时候，口红销量就特别好。从心理学上讲，人们为了让自己的心情变得愉快，总是会寻求一点消费，寻求一点改变自己外在从而改变心情的机会。那么在经济不好，人们难以负担时装和首饰花费的时候，就会买相对来说比较便宜的口红。口红花费不多，但是多买几支又会让心情有所改善。那么你的“口红”是什么呢？

之所以聊这么多理财的观念，是因为我认为理财是一个职场人必备的素质，你有可能因为正确的理财观念和行为而成就了自己的职场生涯，也有可能会因为错误的、赌博式的理财观念拖累了自己。

职场人都是普通人，很少有人家财万贯；你不理财，财就不会理你。好的理财思维和行为在职场上表现出来的就是管理意识和理性素质，而好的理财结果更是所有职场人的最后一道保障。

后　记

我的第一本书是关于如何在职场“过冬”，这是在和蓝狮子的编辑们聊天时，由一个偶然的话题而引发的。编辑们问我这会儿职场上的人都在想什么呢，我就开玩笑说：“想怎么‘过冬’呢。”

最近我问了问身边许多企业的大小老板，他们没有一个是轻松愉快的。扛风经雨、面对周期是每一个创业者的宿命。我对职场人的定义是，“在一个不需要你承担整体的、大的风险，用体力、脑力、技术、才能换取约定回报的人”。在现实中，有时候职场人也在承担着整体性的大风险。面对职业生涯的改变、中断，面对约定回报的缩减甚至中止，职场人抗打击的能力更小，应对的方法也更少。从这个意义上讲，职场人也有和老板一样的焦虑。

很多优秀职业经理人碰到冬天时惊慌失措，我觉得自己作为一名职场的过来人，有义务和他们聊聊感想，说一些可能有帮助的建议。看到他们境遇改变、心情转好，我也会觉得特别高兴。但对于有些职场人遭受的打击，我也并不同情，我看到过太多无所谓未来和成长、给钱就干活、能应付绝不主动的人，对老板总是敌意满满；发现利益有损从来不会在自己身上找原因，只会抱怨命运、老板、同事和客户，总觉得自己只是无辜的受害者。

我每次发现自己和他们讲不通道理时都很无奈，因为他们总有一天会被企业抛弃、被时代抛弃，其实是被自己抛弃，而对此我试图改变却无能为力。

我怎样才能让所有职场人都明白，你要像经营企业一样经营自己才有未来？你要有目标、有方法。

我怎样才能让所有职场人都明白，企业要靠每一个员工才能运转，而你也必须靠企业这个平台才能成就自己？职场人和所在企业是相互成就的关系，不是单向雇用，而是相互利用。

我怎样才能让所有职场人都明白，职业是你在社会中的重要身份，职业是你在生活中的重要依傍，职业是你在人生中的重要修行？拥有随时可以就业的职业能力，是比你的存款、房产还要靠谱的财富，而你的职业生涯就是不断在积累这笔财富。

所以，我借着这个应景的话题，其实是非常系统地讲述了我对职业生涯管理的理念。我希望读者们不要断章取义，如果你能够静下心来慢慢从头读完本书，我想你应该会有比书中提到的更多的体会。你会看到你职场的过去，你会思考你现在所面对的问题，你会对你的将来有更多的憧憬和信心。

“没有一个冬天不能被逾越，没有一个春天不会来临。”

这是我的微信签名，从三四年前就是了。

我对于冬天的体会可能比你更早一些，这不是因为收入，也不是因为工作，而是因为我一下子没有看到自己的职业愿景。而我在这几年所做的事就是在逾越，逾越自己过去的经验，逾越自己的舒适区，逾越自己对新的职业方式的学习过程。

每个人的职场之路长达几十年，一路都春暖花开并不现实。而每一次的困境，数不清的问题，都是为下一个美好所设，只要你逾越过去。我是如此，你也是如此，我们的经济环境、社会、国家都是如此。

落笔之时，意也切切；收笔之时，仿佛依稀已见春天。

（3）有想法、有热情，但需要鼓励和监督
（4）既然是工作，就算没感觉也要自行安排好
（5）能根据工作要求和领导安排执行
（6）每天都很忙碌，但是没什么效果，也看不到发展前景

11. 以下哪一项描述最符合你？
（1）快速融入新环境、接纳新事物，从来不是什么问题
（2）适应新环境、新事物需要一点时间，但在正常时间范围内
（3）对不适应的没必要迁就，从自己的工作履历来看，自己总是能找到适应自己的位置
（4）不适应的就避免说话和冲突，做好自己的本职工作
（5）无论什么工作，总是很难适应

12. 以下哪些描述最符合你？
（1）有一两项爱好，并且会花时间去不断提高，目前水平至少可以在一般场合秀一秀并获得好评
（2）消遣性的和功利目的爱好都有，水平一般，参与而已
（3）都是消遣性爱好，无功利目的
（4）功利目的的事我能培养出爱好，消遣性的爱好我能功利化

13. 你的职场年龄是：
（1）进入职场5年以内
（2）进入职场5~10年
（3）进入职场10~15年
（4）进入职场15年以上

14. 你的教育背景是：
（1）本科及以上，本硕博至少有一项是国内外名校（985高校及以上）
（2）本科及以上，但是所有学校均非名校
（3）本科及以下，正在有明确目的和计划的继续学习培训中
（4）本科及以下，目前工作没有继续提升的要求和必要

15. 以下哪一项描述最符合你的直属上司？
（1）专业能力、社会经验和地位均属上等，愿意教我并给我机会
（2）专业能力一般但工作和社会经验较丰富，愿意教我并给我机会
（3）对工作仅限必要性指导
（4）没什么指导，也没什么可学的地方，工作关系乏善可陈

（2）选择性地关注，尤其是和工作强相关的、并且有时间思考和用得到的
（3）偶尔主动关注，不过听人聊起还是很感兴趣
（4）不用主动关注，重要的事领导和同事会说

6. 以下哪一项描述最符合你的学习经历？
（1）成绩一直优良，有一门或几门学科特别喜欢，有长处
（2）成绩中等及以上，没有特别喜欢的学科、很平均
（3）成绩说不上好，有一门或几门学科特别喜欢，但不够出色
（4）成绩普通或偏下，学习是一种任务

7. 以下哪一项描述最符合现在的你？
（1）在群体或小组织里处于组织者地位，或者你的意见有很大影响力
（2）在群体或小组织里有一定地位，意见会被尊重和采纳
（3）在群体或小组织里有存在感，偶尔发声
（4）在群体或小组织里缺乏存在感

8. 目前你在公司中的层级定位，以下哪一项描述最为准确？
（1）高层或重要的中层（及以上）管理干部
（2）普通中层（及以下）管理干部，包括部门经理、团队长或主管
（3）技术和业务的专业骨干，未担任管理干部
（4）属于上述（2）或（3），但是经常参与公司重点项目、关键节点或战略性工作，经常与公司最高领导一起会议或当面汇报
（5）普通职员，谈不上有什么核心能力

9. 对你所在的企业环境，以下哪一项描述最为准确？
（1）朝阳和风口行业，企业正当红
（2）谈不上朝阳和风口，但是行业和企业都处于上升态势
（3）行业明显在走下坡路，但是企业还行
（4）行业和企业都在明显下行
（5）行业竞争莫测，企业压力很大但是有一战之力、有望发展
（6）行业竞争激烈，不看好企业前景

10. 以下哪一项描述最符合你？
（1）喜欢让一切有条理、有计划，一切尽在掌握的感觉最好
（2）有想法、有热情，工作就是最大乐趣

小测试

测测你的职场竞争力

1. 对你的家庭背景，以下哪一项描述最为准确？

（1）家里有“矿”，工作对我来说可有可无

（2）关系广布，资源丰富

（3）有一定的教育背景和社会身份

（4）特别普通，但一直稳定没有变动

（5）比普通家庭还差一点儿

（6）各方面都很糟糕，我能活成这样很不容易

2. 对你的朋友圈，以下哪一项描述最为准确？

（1）很多朋友比我强，朋友圈带我飞

（2）朋友圈的人层次都差不多，多数是互相帮助的朋友

（3）以同学、同事为主，其他人不多

（4）朋友圈非常广博，三教九流的朋友都有

（5）朋友圈很小，但是特别能相互理解

3. 对你的工作技能，以下哪一项描述最为准确？

（1）有（中）高级的学历或资格证书，工作能力得到普遍高度认可

（2）有够用的资格证书和技能，基本能胜任工作

（3）教育培训背景达标，能力一般，要学的还很多

（4）教育培训背景一般，能力达标，全靠干出来

（5）背景一般、能力一般，普通打工仔一枚

（6）别管背景和能力了，反正我工作力不从心

4. 对你的职场人际关系，以下哪一项描述最为准确？

（1）广受欢迎，职场上基本没有人际关系困扰

（2）谈不上广受欢迎，工作就是合作，工作比人际关系重要，有部分重要的人特别认可就好

（3）工作就是工作，没必要刻意发展人际关系

（4）上级的认可、同级的理解和下级的支持都不够

5. 你对与工作有关的新闻和信息的理解，以下哪一项描述最为准确？

（1）经常关注所有信息，能理解但没时间思考、不懂得使用

16. 以下哪一项描述最符合你？

（1）在一二线城市生活、成长和工作，有海外学习经历或经常去海外旅行

（2）过去主要经历不在一二线城市或海外，但是通过求学、旅行、朋友交流、培训、网络资讯（不包括影视节目）等渠道对大城市、大企业有所熟悉或了解

（3）仅了解生活和工作的地区，对其他地方有向往，但都只是听说

（4）哪里的水土不养人，我对那些大城市和海外并不向往
